行程規劃書

北海道玩不膩！

阿欽 文·攝影

国立公園
洞爺湖

7 款札幌一日遊 ＋ **14** 款遊遍北海道提案

隨性依照地區、喜好，以「一日」爲單位，
活用搭配出最符合個人需求的行程規劃書！

PART 5　遊遍北海道 132

PART 6　行程規劃範例 210

PART 7　附錄 218

行前
規畫

PART 1
PART 2
PART 3
PART 4
PART 5
PART 6
PART 7

地理位置

　　北海道位於日本的最北端，島嶼面積 8 萬 3 千多平方公里，占日本總面積的 22%，約為臺灣的 2.3 倍大，依行政區劃分成道央、道南、道東、道北四個區域。

　　道央以北海道最大的城市札幌為中心，是北海道最繁榮、人口最集中的地區。前往北海道旅行，多以札幌為中心規劃行程，可以說是到了北海道一定會停留的城市。道南以最南端的城市函館為代表，在北海道屬於較早開發的地方，早期便開港通商、與外國人進行貿易，街道上洋溢濃厚的異國風情，市區留有許多歷史的足跡。

　　道東至今仍保持完整的自然景觀，列為世界遺產的知床棲息著不少野生動物，位於山間的摩周湖、屈斜路湖和阿寒湖，擁有絕美的景致，是北海道的秘境。道北地廣人稀、氣候嚴寒，旭川是第一大城市，南端的美瑛、富良野是最具特色的景點，田園風光、農家氣息，井然有序的七彩花田，在大地上留下刻意點綴的痕跡，讓人文與環境完美的結合。

北海道主要旅遊地區

四季風貌

旅遊季節

　　安排一趟北海道之旅，首先要考慮的是季節，日本的氣候四季分明，位處高緯地區的北海道更是如此，冬季冰雪覆蓋、夏季綠意盎然，呈現完全不同的風貌，在不同的季節造訪北海道，就像是到了不一樣的地方，所以一年四季都非常受到遊客的喜愛。

　　最受歡迎的旅遊旺季是氣候宜人、百花盛開的 7 ～ 8 月，以及 2 月的札幌雪祭期間，適合第一次探訪北海道的旅人，可以看到最經典的北海道美景與最具代表性的熱鬧祭典。若是計畫再次前往北海道旅遊的人，不妨仔細思考自己的旅行目的，再決定出發的季節，喜歡泡溫泉、對賞花沒興趣，那就不要選在夏季前往，秋冬天氣略有寒意會比較合適；偏好城市旅行，想要在札幌大啖美食、大肆採購，嚮往在異國風的函館及小樽街道漫步、欣賞夜景，那就可以考慮在 3 ～ 4 月的旅遊淡季期間前往，既節省旅費又避開人潮。

道央：札幌、小樽

適合季節：全年

　　幾乎所有到北海道的旅客都會在道央停留，尤其是首次到訪的遊客，札幌及小樽可以說是非去不可。札幌是北海道的第一大城市，集合了道內的特色美食、物產，冬天有札幌雪祭、夏天有夏日祭典，全年來自世界各地的觀光客絡繹不絕。小樽距離札幌只有 40 ～ 50 分的車程，是個隨處可見歷史遺跡、又充滿異國風情的童話小鎮，一年四季都散發著迷人的魅力。

新日本三大夜景之一的札幌夜景

札幌美食湯咖哩

PART
1

PART
2

PART
3

PART
4

PART
5

PART
6

PART
7

道南：登別、洞爺、函館

適合季節：全年

　　道南地區的函館是北海道第三大城市，街頭散發的濃濃異國風情、還有名聞遐邇的函館山夜景，都讓這裡十分受到觀光客的喜愛，現在從臺灣就有直飛的班機。登別與洞爺湖是北海道相當著名的溫泉度假區，溫泉搭配獨特的天然美景，加上距離道央不遠，在安排行程時可以和道央的景點一起規劃，是四季都適合造訪的地方。

1 煙霧彌漫的鬼文化小鎮－登別溫泉
2 曾獲選為世界三大夜景之一的函館山夜景
3 被火山與溫泉圍繞的寧靜湖泊－洞爺湖
4 櫻花滿開的函館五稜郭公園

| 1 美瑛的田園風光　2 美瑛四季彩之丘的七彩花田　3 富良野富田農場的薰衣草園　4 北海道超人氣的旭山動物園

道北：旭川、美瑛、富良野

適合季節：夏季

　　美瑛和富良野是夏季北海道最具代表性的觀光城市，美瑛的農村景色，結合各種花卉的七彩花田，加上富良野的薰衣草園，讓人流連忘返。旭川是北海道的第二大城市，最受歡迎的景點是旭山動物園，在冬季推出的企鵝散步活動享有高人氣，讓一般動物園的淡季期間反而成為遊客爭相造訪的熱門季節。雖然以行政區來說是在道北，但其實旭川、美瑛和富良野都位在北海道的中央區域，距離道央的札幌約 3 小時車程，故行程安排上也常與道央一起規劃。

PART
1

PART
2

PART
3

PART
4

PART
5

PART
6

PART
7

道東：網走、知床、釧路、道東三湖

適合季節：夏季、冬季

　　自然景觀豐富的道東，大部分地區人煙稀少，位置偏遠、獨立於其他各區，在行程規劃上較難與其他地區一起安排，一般而言，起碼要安排 3 天的時間遊道東才比較充裕，對於喜愛大自然的旅人來說，一趟旅行安排 5 ～ 7 天，全程待在道東也不奇怪。不過現在臺灣沒有班機直飛道東，所以多半還是搭配道央地區一起規劃行程。

1 搭乘網走破冰船觀賞鄂霍次克海流冰
2 因為經常起霧而不易見到全貌的神秘之湖─摩周湖
3 日本最大的自然濕原─釧路濕原
4 列入世界自然遺產的知床半島

北海道社格最高的神社—北海道神宮

PART 1
PART 2
PART 3
PART 4
PART 5
PART 6
PART 7

旅行天數

　　常有人問我：「要安排幾天才能玩遍北海道？」這個問題真的很難回答。規劃一趟北海道旅行與其他地區的不同之處，在於除了要決定旅行的天數之外，旅遊的季節和區域也要一併考量，因為北海道幅員廣大，四季各有不同風貌，想要一趟旅行就玩遍北海道各地主要景點，實在是有些困難，如果真的要走完一趟，至少要花上半個月的時間。

　　或許聽過許多人說北海道很大，但是到底有多大呢？從道央的小樽出發，至最東邊的城市根室，距離約為 530 公里，車程要 8 小時，相當於東京到大阪的距離。以道內的主要城市來說，札幌至函館約 310 公里，車程 5 個多小時；札幌至旭川 140 公里，車程 2 個多小時。有了這個概念之後，就不會安排早上去旭山動物園、中午回札幌逛街、晚上到函館山看夜景這樣不可能達成的行程了。

　　此外，四季分明的北海道，各季節景色變化大，每個地方的觀光重點也不同，除了 6 月中～9 月中的旅遊旺季，並不是每個景點都適合同一季節前往，若是在時間有限的情況下，硬是要將北海道走完一圈，許多地方的景色可能不如預期，或是只能淪為走馬看花，旅遊品質並不好。

　　北海道相較於日本其他地區，因為距離臺灣比較遠，從桃園機場直飛札幌約 4 小時的航程，加上景點間的距離長，需花費較多的時間在交通移動上，比較適合的旅遊天數是 7～10 天。少於 7 天不是不行，但建議採甲地進、乙地出的搭機方式，或是夏季可以考慮租車自駕，行程安排會比較自由，就算只有 6 天也可以玩得盡興！

　　依區域和季節初步規劃一趟北海道旅行，天數的安排建議如下：

基本行程	延伸行程	適合季節
道央＋道南 5～7 天	道北（美瑛、富良野） 2 天	全年 （美瑛、富良野 5～10 月）
道央＋道北（美瑛、富良野） 5～7 天	道東 3 天	夏季（6～9 月）
道央＋道東 7～10 天		夏季（6～9 月）、冬季（2 月）

購買機票

　　過去搭乘傳統航空直飛北海道，即使是淡季票價也要 2 萬元左右，更不用說旺季票價可能高達 3 ～ 4 萬元；若是想搭乘廉價航空節省機票費用，必須透過轉機才能到達北海道。不過從 2016 的下半年開始，已經有廉價航空加入直飛北海道的行列，不但選擇更多樣化，票價也更低廉；現在 1 萬元以內就可以買到廉航機票，運氣好搶到促銷票，更是只要 5 千元以下。傳統航空也因競爭激烈而有更多降價促銷的空間，對消費者來說，實在是節省荷包的一大福音；北海道之旅不再遙不可及，機票價格和國人喜愛的日本旅遊城市東京、大阪已相去不遠。

　　至於入出境的機場選擇，由臺灣直飛北海道的班機主要降落在新千歲機場、函館機場和旭川機場，對於初次到訪的旅客而言，比較推薦的是位於道央的新千歲機場，由此要前往北海道各地旅遊都非常方便，且航班最多。除了四通八達、距離札幌又近，新千歲機場本身就是一個代表性景點，擁有各種美食、當地名產、親子遊樂設施，光是機場就可以逛上一整天。

現在有廉價航空直飛北海道，大大縮短飛行時間並省下不少旅費

新千歲機場

　　函館機場位在北海道最南端，適合道南＋道央的行程規劃，如果是由函館進出，通常第一天及最後一晚都會在函館住宿，對於想一睹百萬夜景迷人風采的旅客而言，等於是多了一個備案，降低因天候不佳而無法欣賞到夜景的可能。旭川機場位於北部，往西可達道央的札幌；往東可達網走、知床，距離夏季最熱門的景點美瑛只有 40 分的車程，在行程規劃上適合搭配美瑛、富良野，或是和前往道東的行程一起規劃。

PART
1

PART
2

PART
3

PART
4

PART
5

PART
6

PART
7

　　甲地進、乙地出也是非常適合北海道的旅遊方式,因為城市間的距離遠,如果不想走回頭路,從不同的機場進出可以省下不少交通時間。除了直飛,如果要從日本的其他城市轉搭國內線班機,航班較多的路線還是以新千歲機場為主,其次才是函館機場和旭川機場,另外像是道東的帶廣機場、釧路機場、女滿別機場和中標津機場,還有最北端的稚內機場,從東京的羽田機場出發,每天至少都有一個班次運行。

北海道最大的門戶—新千歲機場

TIPS

　　加入各航空公司的 Facebook 粉絲團,可以掌握最新的促銷訊息。

Peach Aviation[Taiwan]
9月23日 17:30 ·

【 仙台、札幌開航促銷 】

歡慶新航線開航 促銷是一定要的呀! « (｀･ω･) »
24、25日起,各位將可以搭乘桃紅色飛機飛 往日本東北與北海道囉! …… 更多

札幌、仙台
開航紀念
促銷

安排住宿

選擇投宿旅店

　　一趟北海道旅行通常不會只待在單一城市，難免會遇到需要更換旅店的時候，如果是租車自駕，行李可以暫放車上，不至於有太大問題，不然要帶著大型行李移動，是一件相當累人的事。雖然有許多不同類型的飯店、旅館，不過對於投宿地點的需求不外乎是以下幾點，旅途中盡量避免更換住宿地點，可以省下不少麻煩。

城市旅行尋求舒適空間

札幌、函館、旭川、釧路、網走

　　到大城市周邊旅遊經常是早出晚歸，因為要遊覽的景點太多，即使飯店的設施再豪華，待在飯店的時間不多也使用不到，對於住宿的需求只是想舒適放鬆。這類型的飯店和商務旅館要在大城市尋找，需求大、競爭多的結果，通常品質和價格都比較優。到北海道旅行的住宿應該都是以這樣的條件為主，建議依自己的旅遊行程，在道央以札幌；道南以函館；道北以旭川；道東以釧路、網走為中心安排住宿，可以找到 CP 值較高的住宿環境。想要節省旅費，又擔心低價位的旅館可能品質不佳，不妨選擇日本全國連鎖的商務旅館，不但價格便宜、品質也有一定水準。商務旅館的早餐也是值得留意的重點之一，若是需要加價的早餐，或許能享用到超值的當地海鮮。

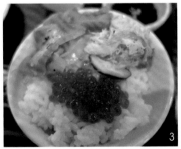

1-2 連鎖的平價旅館一般都有標準化配備，住宿環境也有一定的水準　3 商務旅館的早餐也能吃到新鮮的當地海產

PART
1

PART
2

PART
3

PART
4

PART
5

PART
6

PART
7

溫泉景點享受度假氛圍

登別、洞爺湖、阿寒湖

　　北海道有許多結合自然景觀並蘊藏豐富溫泉的度假勝地，像是洞爺湖溫泉、登別溫泉、阿寒湖溫泉等，到了這些地方不妨挑選品質較高的住宿環境，由於這類地區周邊的餐廳選擇較少，建議搭配飯店的一泊二食方案，豪邁的品嚐北海道美食；在欣賞自然美景之餘，還能逛逛附近的老街，再好好享受飯店的溫泉，不論是什麼季節前往北海道旅遊，都可以安排其中一天投宿這樣的飯店，作為旅行的中繼站。

　　另外，有些溫泉區交通較不方便，飯店為了吸引觀光客，通常會提供接駁專車的服務，如洞爺湖溫泉、登別溫泉、阿寒湖溫泉皆有運行於札幌或新千歲機場之間的接駁專車，有的是免費搭乘，有的只需付少許車資即可預約搭乘，訂房前記得加以確認，若是行程能夠配合，善加利用還能節省旅費。

溫泉度假飯店的大廳氣派、豪華，舒適的泡湯設施讓旅人可以好好放鬆休息

大型飯店的餐點水準都不差，不論是自助式 buffet 或是套餐，CP值都頗高

郊區鄉間體驗特色民宿

美瑛、富良野、知床

　　北海道除了幾個主要城市的市區，大部分地區都是人煙稀少的鄉間，許多景點和都市都有段距離，適合旅遊的季節又短，並非全年都有遊客前往，所以住宿設施很少，像是美瑛、富良野、知床等地區，通常是以當地的民宿為主，若是計畫在旅遊旺季前往，最好提早預訂。此外，郊區和鄉間的交通不便，務必確認好交通方式，如果不是自行開車，可以問問旅館是否提供車站接送的服務。

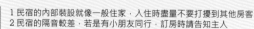

1 民宿的內部裝設就像一般住家，入住時盡量不要打擾到其他房客
2 民宿的隔音較差，若是有小朋友同行，訂房時請告知主人
3 北海道的鄉間民宿外觀樸實簡單，許多都是由農家或民居改裝而成
4 東橫 INN 薄野南分館往返札幌車站的免費接駁專車

善用飯店接駁專車

　　除了郊區的溫泉飯店會提供往返市區的接駁專車，在札幌這種大都市的市區飯店也會提供往返車站的接送服務。位於市中心的旅店由於交通便利，價位通常較高，如果投宿離市中心稍遠的飯店，不妨留意是否提供免費的接送服務，即使飯店距離主要車站不遠，僅需轉乘地鐵或步行便可到達，但是要攜帶大型行李移動，方便性總是不如搭乘接駁專車直達飯店門口；或是入住期間外出往返車站，行程安排上也更加便利，不但住宿費用較便宜，還可再省下一點交通費，是值得考慮的選項。

PART
1

PART
2

PART
3

PART
4

PART
5

PART
6

PART
7

日本知名的連鎖飯店東橫 INN 在札幌市區共有五間分館，位於中央區南 6 条東 2 丁目的薄野南分館位置較為偏遠，房價較其他分館略低一些，不過飯店提供往返札幌車站北口的免費接送服務，接駁車程只需 5 ～ 10 分，且接駁車的班次不少，尖鋒時刻約 15 ～ 20 分就有一班車，其實還蠻方便的，好好利用的話，不但節省住宿費用、也省下轉搭地鐵的交通費用，即使攜帶大件行李一樣輕鬆自在，反而比投宿其他分館更加便利、划算。

接駁專車時刻表

預訂住宿

以前網路不發達的時代，外國旅店的資訊取得不易，經常需要透過旅行社代為預訂，選擇也非常有限，是件麻煩的事情。現在則簡單許多，不但資訊搜尋容易，訂房網站的普及，讓你不用至飯店官網一一比較，就能迅速篩選適合的旅店，日本知名的訂房網站如樂天、Jalan（じゃらん），不但提供中文使用界面，加入會員還可以累積紅利點數，作為下次出遊的現金折抵；其他國際訂房網站如 Agoda、Booking.com、Hotels.com 等，也可以選擇中文介面輕鬆完成訂房，且資訊齊全，讓跨國訂房不再是一件困難的事。

日本訂房網站

• 樂天旅遊：https://travel.rakuten.com.tw/

• Jalan.net：http://www.jalan.net/tn/japan_hotels_ryokan/?cc=tai_banner

國際訂房網站

• Agoda：https://www.agoda.com/zh-tw/
• Booking.com：https://www.booking.com/index.zh-tw.html
• Hotels.com：https://tw.hotels.com/

日本連鎖旅店

• 東橫 INN：https://www.toyoko-inn.com/china/index.html

• Super Hotel：http://www.superhoteljapan.com/cn/

交通
規劃

PART
1

PART
2

PART
3

PART
4

PART
5

PART
6

PART
7

前往北海道

　　廉價航空從 2016 的下半年開始加入臺灣直飛北海道的市場，讓北海道之旅不再高不可攀，如果能買到廉航不定期推出的促銷機票，甚至花費不到 5 千元就可以來回北海道，這樣的價位和前往國人喜愛的日本旅遊城市東京、大阪不相上下，淡季期間甚至比到東京、大阪更加便宜；即便不是搭乘廉價航空，因為競爭壓力也讓傳統航空有更多降價促銷的空間，對於日本旅遊的愛好者來說，實在是一大福音。

　　另外值得一提的是，自 2016 年 3 月 26 日起，至北海道南端大城市函館的新幹線正式通車，代表除了搭乘日本國內線航班，還可以搭乘高速列車從本州前往北海道，以東京出發為例，每天有 10 班列車往返，最快只要 4 小時 2 分就可抵達函館，大大拉近北海道與日本各地的距離。

國際航線

出發地	航空公司	出發日期	飛行時間	目的地	前往主要市區交通方式	
高雄航空站	華航	每週二、三、五、六、日	4 小時 15 分	新千歲機場	北都交通巴士 1 小時 20 分/1,030 円	札幌車站
	華航、長榮、酷航、樂桃	每天	3 小時 50 分		JR 快速列車 37 分/1,070 円	
桃園機場	長榮、虎航	每週一、三、四、六、日	3 小時 30 分	函館機場	函館帝產巴士 20 分/410 円	函館車站
	長榮	每週二、五、六、日	4 小時	旭川機場	旭川電氣軌道巴士 35 分/620 円	旭川車站

新幹線

出發地		中繼車站		目的地
東京 車站	東北‧北海道新幹線はやぶさ 4 小時 2 分‧每天 10 班次	新函館 北斗車站	JR 函館ライナー 15 分‧每天 16 班次	函館 車站
			JR 特急北斗 3 小時 30 分‧每天 12 班次	札幌 車站

INFO

北海道新幹線

網址：http://hokkaido-shinkansen.com/

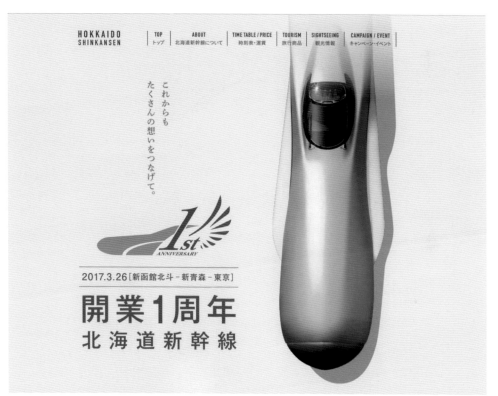

新幹線於 2016 年 3 月開通至北海道最南端的函館

PART
1

PART
2

PART
3

PART
4

PART
5

PART
6

PART
7

JR 遊遍北海道

		札幌站
	小樽站	快速列車 32 ~ 45 分 640 円
	新千歲機場站	快速列車 1 小時 15 分 1,780 円	快速列車 37 分 1,070 円
	登別站	特急至南千歲 轉乘快速列車 59 分 3,240 円	特急至札幌 轉乘快速列車 2 小時 5,130 円	特急列車 1 小時 14 分 4,480 円
函館站	特急列車 2 小時 40 分 6,890 円	特急至南千歲 轉乘快速列車 3 小時 10 ~ 30 分 8,110 円	特急至札幌 轉乘快速列車 4 小時 33 分 9,370 円	特急列車 3 小時 30 ~ 55 分 8,830 円

- JR 北海道鐵路周遊券
- JR 東日本‧南北海道鐵路周遊券
- JR 東北‧南北海道鐵路周遊券

JR 超值觀光套票

- 富良野‧美瑛套票
- 旭山動物園套票

富良野站	旭川站	帶廣站	釧路站	網走站
				網走站
			釧路站	普通或快速列車 3～4 小時 3,670 円
		帶廣站	特急列車 1 小時 35 分 4,810 円	特急至釧路 轉乘快速列車 5 小時 35 分 8,040 円
	旭川站	普通或快速列車 至新得轉乘特急 5 小時 22 分 4,810 円	快速列車至富良野 轉乘快速列車 至新得再轉乘 6 小時 29 分 8,400 円	特急列車 3 小時 55 分 7,970 円
富良野站	普通或快速列車 1 小時 20 分 1,070 円	快速列車至新得 轉乘特急 2 小時 11 分 3,630 円	快速列車至新得 轉乘特急 3 小時 52 分 7,430 円	快速列車至旭川 轉乘特急 5 小時 14 分 8,840 円
特急至滝川轉乘 2 小時 30 分 4,140 円	特急列車 1 小時 30 分 4,810 円	特急列車 2 小時 35 分 7,220 円	特急列車 3 小時 52 分 9,730 円	特急列車 5 小時 30 分 9,910 円
快速列車至札幌 轉乘特急至滝川 再轉乘 5 小時 47 分 4,890 円	快速列車至札幌 轉乘特急 2 小時 21 分 5,560 円	快速列車至南千歲 轉乘特急 3 小時 40 分 7,430 円	快速列車至南千歲 轉乘特急 6 小時 26 分 9,910 円	快速列車至札幌 轉乘特急 8 小時 3 分 10,450 円
快速列車至札幌 轉乘特急至滝川 再轉乘 4 小時 32 分 5,030 円	快速列車至札幌 轉乘特急 1 小時 30 分 4,810 円	快速列車至南千歲 轉乘特急 2 小時 30 分 6,060 円	快速列車至南千歲 轉乘特急 4 小時 8,970 円	快速列車至札幌 轉乘特急 7 小時 34 分 10,590 円
特急至札幌 轉乘特急至滝川 再轉乘快速列車 4 小時 4 分 8,290 円	特急至札幌 轉乘特急 2 小時 57 分 8,960 円	特急至南千歲 轉乘特急 3 小時 9,080 円	特急至南千歲 轉乘特急 4 小時 37 分 11,340 円	特急至札幌 轉乘特急 7 小時 9 分 13,630 円
特急至札幌 轉乘特急至滝川 再轉乘 5 小時 56 分 12,420 円	特急至札幌 轉乘特急 5 小時 23 分 13,090 円	特急至南千歲 轉乘特急 6 小時 28 分 13,240 円	特急至南千歲 轉乘特急 8 小時 7 分 15,290 円	特急至札幌 轉乘特急 10 小時 16,690 円

PART
1

PART
2

PART
3

PART
4

PART
5

PART
6

PART
7

在日本旅行，JR（Japan Railways）是遠距離都市間移動最快速、班次最多、也最舒適的交通工具，不但發車、抵達時間準時，幾乎不用擔心列車誤點的問題，加上購票方式簡單，即使是外國人也能輕鬆上手，還有針對外籍遊客推出的專屬超值票券，非常適合自助旅行的入門者作為主要的交通工具，如果有長輩或小朋友同行，搭乘 JR 座位較寬敞舒適也是值得考量的重點。

JR 的自動售票機簡單易懂，地名為漢字並直接顯示票價，即使初次使用也沒問題

外籍遊客專屬 JR Pass

限持短期滯在簽證的外籍旅客購買使用，可事先在臺灣向指定旅行社購買 JR Pass 的兌換券，然後至北海道的主要車站出示兌換券和護照、並填寫申請表格兌換鐵路周遊券，或是直接至北海道的主要車站如札幌、新千歲機場、函館、登別、旭川、帶廣、釧路、網走、新函館北斗站等購買。

JR 主要車站設有綠色窗口，外籍遊客可在此購買專屬的 JR Pass

JR 北海道鐵路周遊券

分為 3 日券、5 日券、7 日券及 10 日內任選 4 日使用之暢遊券等四種票券,於期限內可無限次數搭乘 JR 北海道各級列車及部分 JR 北海道巴士。

JR 北海道鐵路周遊券

票券種類	票價(普通車廂)	
	成人	6 ~ 11 歲孩童
3 日券	16,500 円	8,250 円
5 日券	22,000 円	11,000 円
7 日券	24,000 円	12,000 円
任選 4 日暢遊券	22,000 円	11,000 円

• 票務資訊:http://www2.jrhokkaido.co.jp/global/chinese/railpass/rail.html

JR 東日本・南北海道鐵路周遊券

適合從東京經由東北地區一路玩到北海道的旅客,可於 14 日內任選 6 日、無限次數搭乘 JR 東日本及南北海道區間內各級列車,而且不一定要連續使用,旅客不必為了充分利用票券而每天趕行程,可搭配新幹線輕鬆玩遍東日本及北海道的道央至道南區域。

• 票務資訊:http://www.jreasthokkaido.com/tc/

票價	成人	孩童
日本境外	26,000 円	13,000 円
日本境內	27,000 円	13,500 円

JR 東北・南北海道鐵路周遊券

2018 年 1 月 5 日開始販售的新票券(使用日期自 2 月開始),可於發行日起 14 日內任選 5 日、無限次數搭乘 JR 東北及南北海道區間內各級列車,適合計畫純粹旅遊日本東北及南北海道的讀者。隨著愈來愈多往返臺灣與日本東北之間的新航線陸續開航,這張票券的發行也讓自助旅遊的行程安排更有彈性,搭配巴士或租車自駕,規劃一趟東北及北海道旅行就更加容易了。

票價	成人	孩童
日本境外	19,000 円	9,500 円
日本境內	20,000 円	10,000 円

• 販售期間: 2018/01/05 ~ 2019/03/31
• 利用期間: 2018/02/01 ~ 2019/04/13
• 票務資訊:http://www.jreast.co.jp/press/2017/20171001.pdf

PART
1

PART
2

PART
3

PART
4

PART
5

PART
6

PART
7

JR 超值票券

富良野・美瑛套票

　　JR 北海道會針對熱門的旅遊地區或景點推出觀光套票，每年 4 月底～ 10 月底推出的富良野・美瑛套票，簡單來說包含可由札幌搭乘 JR 特急列車往返富良野、美瑛地區乙次的自由席車票，以及 4 日內可於富良野、美瑛自由乘車區間無限次數搭乘 JR 列車的乘車券，是二合一的超值票券，推薦給想在夏季搭乘 JR 遊富良野、美瑛地區的旅客使用。
- 票價：成人 6,500 円，孩童 3,250 円 | 有效期間：4 日
- 票務資訊：https://www.jrhokkaido.co.jp/CM/Otoku/005761/

旭山動物園套票

　　內含札幌至旭川的 JR 特急列車自由席來回票、旭川車站至旭山動物園的電氣軌道巴士來回票，以及旭山動物園門票，如欲獲得 Lilac 旭山動物園號的紀念乘車證需另加價 520 円（單程）乘坐指定席。票券的有效期間為 4 日，不論是打算一日往返旭山動物園，或是計畫夏季逛完旭山動物園後、租車遊一趟美瑛、富良野再返回札幌，都相當適合。
- 票價：6,130 円 | 有效期間：4 日
- 票務資訊：http://www2.jrhokkaido.co.jp/global/chinese/travel/asahiyamazoo/pdf/
  asahiyama201706.pdf

旭山動物園套票

JR 特急列車

巴士遊遍北海道

長距離的都市間巴士是跨城市旅行時最便宜、又便利的大眾交通工具，還有夜行巴士可以選擇，適合機動性高、想節省旅費的人利用。短距離的路線巴士用於銜接主要城市至市郊景點，自然景觀豐富的北海道，許多景點必須轉乘巴士才能到達。針對遊客推出的定期觀光巴士行程，從主要城市出發，可以在短時間內輕鬆玩遍著名景點，且從札幌出發、許多觀光景點一班車就能直達，不用擔心複雜的交通轉乘問題。

札幌車站周邊巴士總站

- JR 札幌站
- 札幌站巴士總站
- 地鐵札幌站
- 地鐵札幌站
- 北海道廳舊本廳舍
- 地下鐵南北線
- 地下鐵東豐線
- 創成川
- 時計台
- 札幌市役所
- 電視塔
- NHK
- 中央巴士總站
- 大通公園
- 地鐵大通站
- 地鐵大通站
- 地下鐵東西線
- 大通巴士中心

高速巴士

札幌車站中央巴士總站內的道南巴士售票處

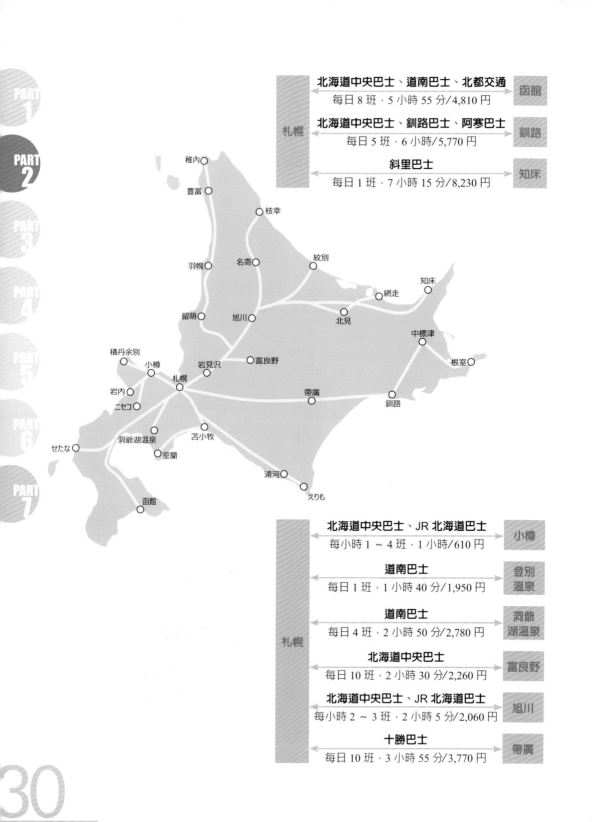

札幌	北海道中央巴士、道南巴士、北都交通	函館
	毎日 8 班・5 小時 55 分/4,810 円	
	北海道中央巴士、釧路巴士、阿寒巴士	釧路
	毎日 5 班・6 小時/5,770 円	
	斜里巴士	知床
	毎日 1 班・7 小時 15 分/8,230 円	

札幌	北海道中央巴士、JR 北海道巴士	小樽
	毎小時 1 ～ 4 班・1 小時/610 円	
	道南巴士	登別溫泉
	毎日 1 班・1 小時 40 分/1,950 円	
	道南巴士	洞爺湖溫泉
	毎日 4 班・2 小時 50 分/2,780 円	
	北海道中央巴士	富良野
	毎日 10 班・2 小時 30 分/2,260 円	
	北海道中央巴士、JR 北海道巴士	旭川
	毎小時 2 ～ 3 班・2 小時 5 分/2,060 円	
	十勝巴士	帶廣
	毎日 10 班・3 小時 55 分/3,770 円	

夜行巴士

　　北海道都市間的長距離巴士車程動輒 6 ~ 8 小時，往往一早出發、抵達目的地已經傍晚了，相當耗費時間，因此安排行程不妨選擇搭乘夜行巴士，深夜從札幌出發、隔天清晨抵達目的地，充分利用時間。夜行巴士的外觀與一般高速巴士相同，但座位較寬敞且各自獨立、還有拉簾，附設廁所，行車時會熄燈配合乘客就寢，並提供毛毯，加上車資比 JR 便宜許多，若是預算有限，利用夜行巴士長距離移動是不錯的選擇。

　　如果選擇搭乘夜行巴士，建議抵達目的地後安排輕鬆一點的行程，並且輕裝移動才是上策，因為抵達時間是清晨，店家都尚未營業，可能會無處可去，最好先找可以提供清晨入浴的飯店，抵達後梢稍為盥洗、休息一下。但是要提醒讀者，夜行巴士的設備再怎麼完善，還是必須坐著入睡，睡眠品質肯定不好，不建議自助旅行的新手嘗試。

主要夜行巴士

札幌 - 函館

　　札幌車站前 23:35 出發，翌日 5:15 抵達函館，正好是函館朝市開始營業的時間。

札幌 - 釧路

　　札幌車站前 23:10 出發，翌日 5:20 抵達釧路。

札幌 - 知床

　　札幌中央巴士總站 23:15 出發，翌日 6:30 抵達知床。

札幌 - 網走

　　札幌中央巴士總站 23:40 出發，翌日 6:00 抵達網走。

夜行巴士站牌

夜行巴士

PART
1

PART
2

PART
3

PART
4

PART
5

PART
6

PART
7

觀光巴士

　　搭乘觀光巴士就像是跟團旅遊，預約參加後隨團出發集體行動。對於自助旅行的遊客來說，北海道有許多景點交通規劃不易，自行前往常浪費很多時間在轉乘上，實際旅遊的時間變得非常有限，若能適時加入觀光巴士的行程，就可解決交通不便的問題，讓整趟旅行的景點串連更加順暢，適合不打算租車、或擔心路況不熟影響旅行品質的人。即使是在交通便利的札幌、小樽市區，也有半日或一日往返的觀光行程可以參加，若是有長輩或小朋友同行，不方便轉乘地鐵或長時間步行移動，也可以考慮搭乘觀光巴士，既不須煩惱交通，又能保有行程結束後的自由活動時間，兼具跟團與自助旅行的優點。

北海道中央巴士

　　北海道中央巴士推出了多種從札幌出發的觀光巴士行程，預約時可留意報名費是否含午餐及景點門票，有些行程未包含門票或僅提供折價券。和當地許多旅行社推出的觀光巴士行程不同之處，在於可以使用中文藉由電子郵件提問，即使不懂日文也能輕鬆預約，熱門行程如右頁，實際內容依官網介紹為準。

札幌車站旁 ESTA 二樓的北海道中央巴士定期觀光巴士售票處

北海道中央巴士推出的定期觀光巴士

INFO

北海道中央巴士株式会社

網址：http://teikan.chuo-bus.co.jp/tw/

富良野、美瑛四季物語路線
- 運行期間：6/1～6/26、8/7～10/15
- 費用：成人 7,200 円，孩童 4,800 円（含午餐）
- 乘車處：札幌站前巴士總站　　　　• 出發/回程抵達時間：9:00～19:30
- 行程概略：札幌站前 ➤ 富田農場 ➤ 四季彩之丘 ➤ 美瑛拼布之路 ➤ 札幌市區
  （回程可於札幌工廠、時計台或札幌車站下車）

北海道全景之路（富良野、美瑛及旭山動物園多國語言導覽路線）
- 運行期間：6/5～10/11
- 費用：成人 7,600 円，孩童 5,050 円（含午餐、旭山動物園門票）
- 乘車處：札幌站前巴士總站　　　　• 出發/回程抵達時間：8:45～19:15
- 行程概略：札幌站前 ➤ 旭山動物園 ➤ 拼布之路 ➤ 富田農場 ➤ 札幌市區
  （回程可於札幌工廠、時計台或札幌車站下車）

旭山動物園一日遊路線
- 運行期間：4/29～11/3
- 費用：成人 4,900 円，孩童 2,100 円（含旭山動物園門票）
- 乘車處：札幌站前巴士總站　　　　• 出發/回程抵達時間：9:20～18:05
- 行程概略：札幌站前 ➤ 旭山動物園（停留 215 分）➤ 札幌市區
  （回程可於札幌工廠、時計台或札幌車站下車）

支笏湖、洞爺周遊路線（多國語言導覽系統）
- 運行期間：4/15～4/28、5/8～11/12
- 費用：成人 6,900 円，孩童 4,850 円（含午餐、有珠山纜車費用）
- 乘車處：札幌站前巴士總站　　　　• 出發/回程抵達時間：8:35～19:05
- 行程概略：札幌站前 ➤ 支笏湖 ➤ 洞爺湖 ➤ 有珠山纜車 ➤ 札幌市區
  （回程可於定山溪溫泉、薄野、時計台或札幌車站下車）

絕景積丹岬路線
- 運行期間：5/15～9/30
- 費用：成人 7,900 円，孩童 5,450 円（含午餐）
- 乘車處：札幌站前巴士總站　　　　• 出發/回程抵達時間：8:30～18:50
  　　　　小樽站前巴士總站　　　　　　　　　　　　　　9:20～17:40
- 行程概略：札幌站前 ➤ 小樽站前 ➤ 余市酒廠 ➤ 島武意海岸 ➤ 神威岬 ➤ 積丹水中展望船 ➤
  　　　　札幌市區
  （回程可於小樽站前、時計台或札幌車站下車）

秋季積丹岬絕景路線
- 運行期間：10/1～10/31（部分日期停駛）
- 費用：成人 7,900 円，孩童 5,450 円（含午餐、採果及泡湯費用）
- 乘車處：札幌站前巴士總站　　　　• 出發/回程抵達時間：8:30～18:45
  　　　　小樽站前巴士總站　　　　　　　　　　　　　　9:20～17:35
- 行程概略：札幌站前 ➤ 小樽站前 ➤ 櫻桃山觀光果園 ➤ 神威岬 ➤ 岬之湯積丹（泡湯）➤ 札
  　　　　幌市區
  （回程可於小樽站前、時計台或札幌車站下車）

富良野・美瑛・旭川

其他地區

PART
1

PART
2

PART
3

PART
4

PART
5

PART
6

PART
7

富良野‧美瑛地區

　　夏季到北海道旅行，富良野、美瑛可以說是必遊的景點，然而造訪夏季才會湧現人潮的鄉間小鎮，交通規劃是一大問題，因此在旅遊旺季的 6 ~ 9 月，當地會有許多觀光巴士運行，只要報名參加，就能搭乘巴士輕鬆遊遍富良野、美瑛。以下整理此地區夏季的觀光巴士，讀者可以挑選適合自己的行程參加，即使不租車也能暢遊富良野、美瑛。

美遊巴士

　　適合搭乘 JR 前往美瑛的遊客，在旅遊旺季的 6 月中旬 ~ 10 月初，每天都有班次運行，不必煩惱交通銜接的問題。對於不放心租車自駕、又想在短時間玩遍美瑛的遊客而言，美遊巴士 (Biei View Bus) 是個不錯的選擇，可至 JR 北海道主要車站的綠色窗口預約 (2 日前)，美瑛車站旁四季情報館內的美瑛町觀光協會櫃檯接受現場購票 (額滿為止)。

INFO

JR 北海道旅行情報 GOTTON
網址：http://www.jrhokkaido.co.jp/gotton/index.html

JR 美瑛站旁的觀光案內所—四季情報館

十勝岳望岳台

5～6 月中旬的週末和公眾假期

山丘巡禮路線					
四季情報館 ➤ Ken & Mary 之樹 ➤ 七星之樹 ➤ 北西之丘展望公園 ➤ 美瑛選果 ➤ 四季情報館
10:30 出發　　停留 15 分　　　　停留 15 分　停留 15 分　　車窗賞景　　11:52 抵達

⬇ 可接續青池路線的行程

青池路線				
四季情報館 ➤ 白金青池 ➤ 十勝岳望岳台 ➤ 拓真館 ➤ 新榮之丘展望公園 ➤ 四季情報館
13:45 出發　　停留 35 分　停留 15 分　　停留 15 分　停留 15 分　　　　16:40 抵達

6 月中旬～ 9 月底

花田 · 青池路線（上午）				
四季情報館 ➤ 白金青池 ➤ 四季彩之丘 ➤ 拓真館 ➤ 三愛之丘展望公園 ➤ 四季情報館
9:45 出發　　停留 35 分　停留 30 分　　停留 15 分　車窗賞景　　　　12:30 抵達

⬇ 可接續山丘巡禮路線的行程

山丘巡禮路線					
四季情報館 ➤ Ken & Mary 之樹 ➤ 七星之樹 ➤ 親子之樹 ➤ 北西之丘展望公園 ➤ 美瑛選果 ➤ 四季情報館
13:20 出發　　停留 15 分　　　停留 15 分　車窗賞景　　停留 20 分　　　　車窗賞景　14:55 抵達

⬇ 可接續下午的花田 · 青池路線

花田 · 青池路線（下午）				
四季情報館 ➤ 三愛之丘展望公園 ➤ 拓真館 ➤ 四季彩之丘 ➤ 白金青池 ➤ 四季情報館
15:25 出發　　車窗賞景　　　　停留 15 分　停留 30 分　停留 35 分　18:00 抵達

9 月底～ 10 月初

山丘巡禮路線					
四季情報館 ➤ 亞斗夢之丘 ➤ Ken & Mary 之樹 ➤ 七星之樹 ➤ 北西之丘展望公園 ➤ 美瑛選果 ➤ 四季情報館
10:30 出發　　停留 20 分　　停留 15 分　　　　停留 15 分　停留 15 分　　車窗賞景　12:22 抵達

⬇ 可接續花田 · 青池路線的行程

花田 · 青池路線				
四季情報館 ➤ 白金青池 ➤ 拓真館 ➤ 四季彩之丘 ➤ 新榮之丘展望公園 ➤ 四季情報館
13:45 出發　　停留 35 分　停留 15 分　停留 30 分　　停留 15 分　　　16:40 抵達

• 運行期間：詳細日期請見 JR 北海道旅行情報 GOTTON

• 票價：任一路線 **|** 成人 2,000 円．孩童 1,000 円

PART 1
PART 2
PART 3
PART 4
PART 5
PART 6
PART 7

觀光周遊巴士

　　適合搭乘 JR 前往富良野、美瑛的遊客，是短時間內遊遍此區代表性景點最簡單、又便利的方式，可在富良野巴士的官網預訂，或至 JR 北海道主要車站的綠色窗口預約（2 日前），另外，在美瑛車站旁的四季情報館和富良野車站旁的巴士售票處，亦可事先預約或現場購票（額滿為止）。

• 運行期間：詳細日期請見 JR 北海道旅行情報 GOTTON

富良野號

富良野號	
6 月中～8 月底運行	
JR 富良野站	11:50 出發
撿來的家	停留 15 分
麓鄉展望台	停留 15 分
富良野果醬園 & 麵包超人專賣店	停留 45 分
富良野起士工房	停留 15 分
風之花園・森之時計｜森林精靈的陽台	停留 60 分
JR 富良野站	15:50 抵達

• 票價：成人 3,000 円，孩童 1,500 円

| 1 麓鄉展望台　2 麵包超人專賣店　3 富良野果醬園

美瑛號

美瑛號・展望路線		美瑛號・精選路線	
7月初～8月初每日運行		6月中～8月底運行	
JR 富良野站	10:30 出發	JR 富良野站	12:10 出發
富田農場	停留 60 分	富田農場	停留 60 分
江花展望之路	車窗賞景	後藤純男美術館	停留 40 分
千望嶺	停留 20 分	白金青池	停留 40 分
雲霄飛車之路	車窗賞景	白鬚瀑布	停留 20 分
四季彩之丘	停留 45 分	JR 美瑛站	16:45 抵達（限下車）
白金青池	停留 40 分	JR 富良野站	17:30 抵達（限下車）
白鬚瀑布	停留 20 分	基線巴士停留所	17:40（限下車）
北西之丘展望公園	停留 20 分	Naturwald 飯店	17:45（限下車）
拼布之路	車窗賞景	富良野王子飯店	17:50（限下車）
JR 美瑛站	16:45 抵達（限下車）	新富良野王子飯店	18:00
JR 富良野站	17:30 抵達（限下車）		
基線巴士停留所	17:40（限下車）		
Naturwald 飯店	17:45（限下車）		
富良野王子飯店	17:50（限下車）		
新富良野王子飯店	18:00		

- 票價：展望路線 | 成人 5,000 円．孩童 2,500 円；精選路線 | 成人 4,000 円．孩童 2,000 円（含後藤純男美術館門票）

INFO

後藤純男美術館

展出日本美術界代表畫家後藤純男先生約 130 幅作品，以天然礦物顏料創作的細緻日本畫，將日本各地的四季美景盡收其中。
網址：http://www.gotosumiomuseum.com/lang_tw/index.html
門票：成人 1,000 円．孩童 500 円
開放時間：9:00 ～ 17:00，全年無休

美瑛町觀光協會

網址：https://www.biei-hokkaido.jp/zh_TW/

富良野 KURURU 號

　　富良野 KURURU 號（ふらのくるる号）為固定路線的循環巴士，抵達各站僅供遊客上、下車即出發，乘車前請先確認各班次的發車時間；可於 JR 富良野站旁的觀光案內所購票，車票為一日券，當日不限次數搭乘。

- 運行期間：每年 7 月初～ 8 月中，A 路線|週一、三、五、日；B 路線|週二、四、六，詳細日期請見富良野觀光協會網頁
- 票價：A 路線|成人 1,500 円，6 ～ 12 歲孩童 1,000 円；B 路線|成人 2,000 円，6 ～ 12 歲孩童 1,500 円

A、B 路線共通	上午運行		
新富良野王子飯店	9:00	-	-
Naturwald 飯店	9:09	-	-
JR 富良野站	9:20	10:10	11:20
富良野葡萄酒工場	9:25	10:15	11:25
六花亭	↓	10:17	11:27
富良野葡萄果汁工場	↓	10:19	11:29
富田農場	9:40	10:35	11:45
富良野葡萄果汁工場	↓	10:50	12:00
六花亭	↓	10:52	12:02
富良野葡萄酒工場	↓	10:54	12:04
JR 富良野站	10:00	11:04	12:14

JR 富良野站前的 KURURU 號乘車處

- 富田農場近 JR ラベンダー畑站及 JR 中富良野站，步行分別為 7 分及 25 分，事先確認清楚 JR 班次，可選擇在此下車步行至車站搭車

A 路線	下午運行			
JR 富良野站	13:10	14:10	15:10	16:10
富良野起司工房	13:20	14:20	15:20	16:20
風之花園・森之時計森林精靈的陽台	13:27 ～ 13:45	14:27 ～ 14:45	15:27 ～ 15:45	16:27 ～ 16:45
富良野起司工房	13:50	14:50	15:50	16:50
FURANO MARCHÉ	13:56	14:56	15:56	16:56
JR 富良野站	14:03	15:03	16:03	17:03

- FURANO MARCHÉ 附近餐廳多，適合中午在此停留用餐，且近 JR 富良野站，步行約 8 ～ 10 分，用餐後步行回車站接續行程即可。

B 路線	下午運行
JR 富良野站	13:10
玻璃森林工房 & 撿來的家	13:40 ~ 14:25
麓鄉之森	14:35 ~ 15:00
富良野音樂盒堂	15:10 ~ 15:30
麓鄉展望台	-
富良野果醬園 & 麵包超人專賣店	15:40 ~ 16:15
五郎的石屋	16:20 ~ 16:50
JR 富良野站	17:30
Naturwald 飯店	17:45
新富良野王子飯店	18:00

富良野葡萄酒工場

INFO

富良野觀光協會

網址：http://www.furanotourism.com/cn/

富良野起士工房

道東地區

其他適合利用觀光巴士的地區如函館、道東，建議以 JR 北海道推出的 Twinkle Bus 為主，限持有 JR 車票的旅客於三日前預約購票，有中文介紹會依季節定期更新資訊，即使是自助旅行的入門者也能輕鬆搭乘，不接受網路預約，如有問題可以使用中文以電子郵件聯絡客服人員，詳細資訊請參考 JR 北海道官網。

INFO

JR 北海道旅客鐵路公司

網址：http://www2.jrhokkaido.co.jp/global/chinese/index.html

道東定期觀光巴士

北海道的觀光巴士多半只在旅遊旺季運行，大致上是夏季的 7 ~ 8 月及冬季的 1 ~ 2 月，道東地區夏季非常適合自駕旅遊，故在此推薦一個冬季的觀光巴士行程。

PART 1
PART 2
PART 3
PART 4
PART 5
PART 6
PART 7

White Pirika 號

阿寒巴士推出的道東三湖（屈斜路湖、摩周湖、阿寒湖）一日遊行程 White Pirika 號（ホワイトピリカ号），票價不包含午餐及阿寒湖各式冰上體驗活動的費用，回程若選擇於阿寒湖溫泉或釧路機場下車會比較便宜。

道東的斜里巴士在夏季會推出知床周邊的觀光行程

- 運行期間：1 月中～ 3 月初，每日運行
- 票價：成人 4,600 円，孩童 2,300 円
- 票務資訊：http://www.akanbus.co.jp/foreign/zh-TW/sightse/w01/

行程時間：9 小時 30 分（釧路起訖）		
8:30 出發	觀賞天鵝	午餐自理
JR 釧路站前 ▶ 漁人碼頭 MOO ▶ 釧路王子飯店 ▶ 鶴見台 ▶ 屈斜路湖（砂湯）▶ 硫黃山 ▶ 弟子屈町內 ⌐		
釧路王子飯店 ◀ 漁人碼頭 MOO ◀ JR 釧路站前 ◀ 丹頂釧路機場 ◀ 阿寒湖溫泉 ◀ 摩周湖第一展望台 ◀┘		
18:00 抵達	17:55 抵達	

- 釧路市區乘車處有漁人碼頭 MOO 和釧路王子飯店兩站。
- 釧路市區下車處有釧路機場、JR 釧路站、漁人碼頭 MOO、釧路王子飯店等四站。

其他觀光巴士

其實道東地區還有其他的觀光巴士，不過並非針對外籍遊客設計，網頁介紹也只有日文，旅行經驗豐富或是略懂日文的讀者如果想知道還有哪些觀光巴士行程，可以參考以下的網頁，並於旅遊旺季關注其最新訊息。

- 阿寒巴士
  網址：http://www.akanbus.co.jp/foreign/zh-TW/
- 斜里巴士株式会社
  網址：http://www.sharibus.co.jp/
- 弟子屈町觀光情報
  網址：http://www.masyuko.or.jp/

自駕遊遍北海道

　　北海道可以說是日本最適合自駕旅行的地區，自然景觀豐富的北海道，許多景點位於海岬或深入山區，搭乘大眾交通工具不是轉乘太複雜、就是班次太少不好銜接，如果可以自行駕車，不但省去規劃轉乘的麻煩，在時間的安排上也更具彈性；加上北海道大部分範圍地廣人稀，道路筆直少彎，即使是新手也能輕鬆駕馭，同行的朋友一起分擔費用，是自助遊北海道時值得考慮的交通方式。不過 11 月～ 4 月初，北海道大部分地方被冰雪覆蓋，而且有暴風雪的可能，不建議自駕，規劃行程時請特別留意。

租車流程

Step 1 申辦駕照日文譯本

　　攜帶國民身分證及汽車駕照正本，直接至監理所櫃檯辦理即可，申請規費 100 元，可現場取件，日文譯本的有效期間為一年。

Step 2 預約租車

　　網路上租車的管道很多，除了直接至日本租車公司的網站預約外，還有許多中文介面的租車網站可以選擇，如果略懂日文，也可以利用日本的租車比價網站預約租車，像是樂天旅遊、Jalan.net、ToCoo、格安租車等，蒐集了各大租車公司的資訊，方便比較、容易找到優惠的方案。不過由於比價網站配合的租車公司較多，少數日本中、小型租車公司僅限持有日本駕照的人才能預約，並不適用於持國際駕照或日文駕照譯本的外國人，預約前最好先以電子郵件向租車公司確認清楚，或是選擇 TOYOTA、NISSAN、ORIX 等大型租車公司進行預約，避免發生到了當地卻無法取車的窘況。

日本租車公司

TOYOTA	OTS	NIPPON
rent.toyota.co.jp/zh-tw	www.otsinternational.jp/otsrentacar/cn	www.nrgroup-global.com/tw
NISSAN	ORIX	Times Car
nissan-rentacar.com/tc	car.orix.co.jp/tw	www.timescar-rental.hk

Step 3 辦理租車手續

取車時要記得攜帶護照、臺灣駕照正本及日文譯本，三者缺一不可。另外，辦理租車手續需要一些時間，不妨在預約時間前 10 ~ 20 分左右到達。租車公司會再次確認租用的車型及方案、還車時間、保險內容，並影印證件、說明發生事故的處理方式及相關注意事項等。

關於保險的部分，租車公司皆會要求承租人必須投保「免責保險」，一般車型保費為 1050 円/日，萬一發生事故可免除負擔車輛損毀的賠償責任。不過免責保險並不包含車輛受損維修造成的租車公司營業損失（約 2 ~ 5 萬円），可加價購買營業損失賠償保險（NOC），免除這部分的責任。部分租車公司還會以此搭配緊急道路救援、延後還車時間等服務，推出加價的保險方案，讀者可自行斟酌是否投保。

辦理租車手續及保險

Step 4 檢查車輛

辦好租車手續後，接著就是檢查車輛，首先在服務人員的引導下，一起確認車輛外觀是否有明顯刮痕並註記在車況說明上；然後確認車輛的操控方式，有些車型的操控方式和常見的車輛略有不同，例如手煞車是用腳踏板或按鈕來控制，不需使用鑰匙發動而是直接按鈕啟動引擎等。另外也要瞭解導航系統的操作方式，一般都會有中文界面可以選擇，設定路線並不困難，一切就緒後就可以準備出發了！

檢查車體和配備

日文介面的導航系統務必在出發前熟悉其操作方式

駕車注意事項

交通規則

　　日本為右駕的國家，道路行駛方向是靠左側，和臺灣相反，對於許多沒有右駕經驗的人來說難免會有些擔心，不過實際上路並沒有想像中那麼困難，只要專心開車、避免疲勞駕駛，往往很快就能上手。比起車多的市區，在車少的郊區開車更要注意，有時候在沒有車輛的道路上，一不留神或是轉個彎，可能就會習慣性的往右側靠，建議副駕駛座的朋友幫忙留意交通號誌及路況。

　　在交通規則的部分，許多標誌其實一看就懂，並不會有太大問題，必須注意的是「止まれ」（一時停止）的倒三角形警示標誌，通常設在車輛較少、沒有紅綠燈的路口，要求駕駛要停車觀察路口左右方後才能再起步，不能只是減緩車速，一定要完全停止，千萬不要心存僥倖，這是日本警察一定會取締的交通違規。

自助加油

　　在日本租車時油箱為加滿狀態，所以還車時也務必將油箱加滿，加油時一般選擇「レギュラー」（regular）即可。北海道有很多自助加油站，只要招牌上標示「セルフ」（self），就是自助加油的意思；操作方式和臺灣的自助加油站大同小異，從機台操作說明的漢字也能略懂一二，若是擔心不會操作，選擇人工加油亦可。自助加油並不難，而且通常比較便宜，不妨嘗試看看；雖然是自助加油，現場還是會有服務人員，有不懂的地方可以請他們協助。

自助加油站會標示「セルフ」

油槍的操作介面通常為觸控式螢幕

自助加油操作範例

Step 1

按下開始後先選擇付款方式，也可能詢問是否有會員卡或集點卡之類的問題

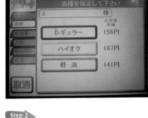

Step 2

選擇加油的種類，一般車輛選擇「レギュラー」即可

Step 3

以公升數或金額決定加油量，「滿タン」是加滿，「お好み」是依喜好自訂

Step 4

投入所需金額

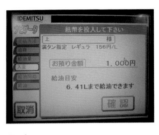

Step 5

按下確認

Step 6

レシート為收據，「発行する」是列印收據，「発行しない」則是不列印

Step 7

開始加油

Step 8

取用「レギュラー」的油槍

Step 9

有些機台無法自動找零，一旁會有找零專用的精算機

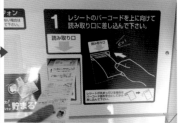

Step 10

將收據放入精算機，掃描下方的條碼找零

不速之客

在北海道開車，路上可能會遇到野生動物，一般來說遇到鹿的機會最大，也有可能遇到狐狸或棕熊，但是無需過度驚慌，因為遇到熊的機率實在非常低；而且通常棕熊不會主動攻擊車輛，真的遇上野生動物，小心緩慢駛離即可。

切記不要餵食野生動物，這樣會改變牠們原有的習性，破壞生態平衡，像是被人類餵食過的熊，可能會因此離開森林，到人類的活動範圍尋覓食物。

1-2 在郊區的道路旁可能會遇到野生的鹿或狐狸　3 北海道的山區經常可見「熊出沒注意」的標示

北海道高速公路與國道圖

宗谷岬

稚內

利尻島

禮文島

旭川↔[和]
273km/4小[時]

旭川↔名寄
74km/1小時22分

名寄

旭川↔士別
51km/51分

士別

札幌↔旭川
140km/1小時49分

札幌↔留萌
158km/2小時12分

留萌

旭川

札幌↔滝川
93km/1小時17分

滝川

札幌↔小樽
39km/47分

積丹岬

札幌↔千歲
40km/43分

富良野

札幌↔余市
59km/1小時17分

余市

小樽

札幌

札幌↔富良
116km/2小[時]

札幌↔岩內
97km/2小時8分

岩內

俱知安

千歲

夕張

札幌↔[滝]
161km/2小[時]

札幌↔俱知安
99km/2小時3分

喜茂別

苫小牧

札幌↔喜茂別
66km/1小時36分

函館↔長萬部
110km/1小時48分

長万部

室蘭

札幌↔苫小牧
62km/1小時7分

蒲河

函館↔八雲
73km/1小時20分

八雲

札幌↔室蘭
130km/1小時49分

札幌↔蒲[河]
171km/2小[時]

函館↔江差
72km/1小時32分

江差

函館

札幌↔函館
310km/4小時22分

函館↔松前
94km/1小時56分

松前

7分

札幌↔網走
347km/5小時15分

旭川↔紋別
142km/2小時19分

旭川↔網走
215km/3小時41分

網走↔斜里
41km/46分

紋別

網走↔宇登呂
82km/1小時37分

旭川↔北見
178km/2小時58分

網走

宇登呂

斜里

北見

釧路↔標津
116km/2小時9分

標津

釧路↔弟子屈
75km/1小時16分

帶廣↔足寄
63KM/1小時5分

弟子屈

根室

足寄

帶廣↔本別
51km/52分

釧路↔根室
124km/2小時15分

本別

釧路

帶廣

池田

帶廣↔池田
20km/27分

帶廣↔釧路
121km/2小時28分

札幌↔釧路
322km/5小時10分

札幌↔帶廣
195km/3小時

太 平 洋

高速公路

國　　道

47

交通規劃

北海道玩不膩！行程規劃書

導航網站

　　推薦一個北海道駕駛導航的網站「北の道Navi」，可以依「主要都市」、「観光地」、「道の駅」（道路休息站）等分類選擇地點，設定出發地及目的地，雖然是日文介面，但是操作簡單易懂，從網頁的漢字就能大致理解，規劃行程時想查詢路線、距離、所需時間、道路狀況，都能夠一目了然，對自駕旅行有興趣的朋友不妨參考。

檢索方式

Step 1

在網頁左方依序輸入「出發地」、「目的地」、「經由地」（可不填）等檢索條件，然後選擇「是否利用高速公路」，以及規劃路線要以「時間優先」還是「距離優先」。設定地點時可點選上方的「主要都市」、「観光地」、「道の駅」等分類篩選，選定後按左下方的「檢索開始」。

INFO

北の道 Navi

網址：http://d-time.hdb.hkd.mlit.go.jp/

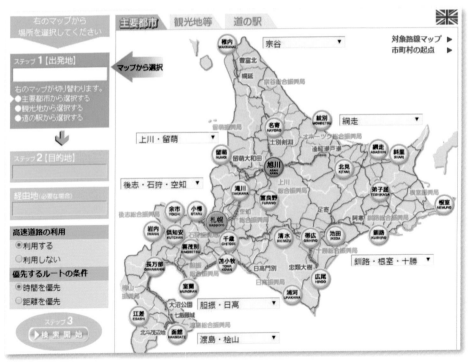

48

完成檢索後，頁面左側會顯示路線地圖，右側則是詳細的路線導引，包含距離及所需時間，可以清楚知道如何前往。頁面下方還會統計路過哪些山嶺、道路休息站、景點和城鎮。

除了路程距離外，也有途經道路的行駛難易程度調查，從 S 級到 D 級難度依序增加，讓駕駛人能夠加以評估，選擇適合的路線。

途經的各個地點皆有照片或相關連結，山嶺道路還有監視器拍攝的即時畫面和天氣預報，
對於掌握路況或是安排行程都相當有助益。

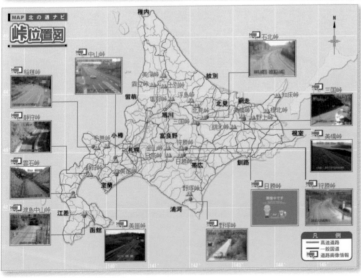

北海道市區交通

　　和日本其他地區比較，北海道各個城市的市區交通其實相對單純許多，除了最大的城市札幌有地下鐵，路面電車只在函館和札幌市區可見，其餘城市的大眾交通工具只有巴士，而且路線都不複雜；札幌地下鐵的路線也非常簡單易懂，該在哪一站轉乘皆一目了然。主要景點都可以從 JR 車站搭乘巴士直達，必須留意的是有些城鎮的巴士班次很少，每天只有 1 ～ 3 班，務必事先確認往返的時刻表，以免錯過班次。

札幌市營地下鐵

　　北海道只有札幌有地下鐵，是市區裡最方便、快速的大眾交通工具，每 4 ～ 10 分就有一班車，購票和乘車方式與日本各地的地下鐵相同，跟臺灣的捷運系統也非常相似，加上各站的站名幾乎都有漢字，對國人來說並不難分辨，不論是購票或是轉乘應該都不會有太大問題。

札幌地下鐵乘車月臺

購票方式

Step 1 ▶ 查詢票價。
Step 2 ▶ 選擇購票張數，未選擇視為單張。
Step 3 ▶ 選擇「地下鉄のみ」。
Step 4 ▶ 選擇票價並投入所需金額。
Step 5 ▶ 取票及找零。

乘車方式

Step 1 ▶ **進站**
購票後從自動驗票口進站，使用單程票或一日券皆須在進站時將票卡插入自動驗票機，通過驗票口後記得取回票卡。

自動售票機

交通規劃
北海道玩不膩／行程規劃書

PART 1
PART 2
PART 3
PART 4
PART 5
PART 6
PART 7

| 1 地下鐵自動驗票口　2 將票卡插入自動驗票機　3 通過驗票口記得取回票卡

Step 2 確認月臺

確認欲搭乘的路線及方向，札幌的地下鐵路線很簡單，除了札幌站和大通站是各路線的轉乘點外，其餘各站都只有兩個方向，確認清楚乘車月臺後，待列車進站上車即可。如欲在札幌站或大通站轉乘其他路線，到站後不須出站，循指標走到指定月臺乘車即可。

Step 3 出站

到站後，和進站時一樣通過自動驗票口即可出站，如果使用的是單程票，插入票卡後直接出站即可，如果使用的是一日券，通過驗票口後記得取回票卡。

巴士

　　巴士為連接市區和市郊景點最主要的大眾交通工具，北海道許多景點都和主要 JR 車站有段距離，必須搭乘巴士才能到達，可以說是遊北海道一定要認識的交通工具。日本各地的巴士，乘車方式幾乎都相同，對於曾在日本其他地方搭乘巴士的人來說，在北海道搭乘巴士並不困難；而且相較於臺灣的公車，日本巴士的乘車方式簡單許多。

巴士站牌

| 1 北海道中央巴士　2 JR 北海道巴士　3 近鐵巴士

基本認識

整理券

　　北海道大部分的巴士都是以乘車距離來計算車資，整理券則是用來計算乘車距離的工具，各巴士公司的整理券外觀略有不同，基本上是一張印有數字的小紙條。一般巴士皆為後門上車、前門下車，上車時的右手邊設有整理券發行機，上車時記得抽取一張整理券，以券上的號碼對照駕駛前方的電子運賃板，即可知道下車時應付多少的車資。

運賃板

　　位於駕駛前方的電子運賃板會顯示對應整理券號碼應付的車資，大部分巴士的運賃板還會顯示下一個停靠站的站名，可以確認目前的位置、知道還有幾站抵達目的地。

巴士票卡插入口

| 4 整理券發行機　5-6 整理券　7-8 運賃板會顯示應付車資及下一停靠站

PART 1
PART 2
PART 3
PART 4
PART 5
PART 6
PART 7

運賃箱

在駕駛座旁設有運賃箱，用來投入車資及兌換硬幣，上方是整理券和車資的投入口，側邊是兌幣時的紙鈔插入口。兌幣是個相當貼心的服務，通常是供 1,000 円紙幣兌換硬幣使用，5,000 円、10,000 円等面額的紙幣可以跟司機先生兌換成 1,000 円紙幣，再使用運賃箱兌換硬幣。不過建議還是自備零錢比較安心，支付車資時請先投入整理券，再投入車資即可。

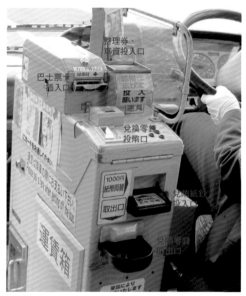

運賃箱

往復券有兩聯車票

在郊區的著名景點較常販售往復券

往復券

一般市區巴士都不需事先購票，直接上車即可；但是較偏遠的觀光景點，即使是從最近的 JR 車站搭乘巴士前往，可能也還要 1 小時左右、甚至 2 小時的車程才會到達，這時不妨留意是否販售往復乘車券，也就是來回票，票價會便宜一些。使用往復券的乘車方式並無不同，上車時記得抽取整理券，下車時投入整理券及往復券其中一聯即可。

乘車流程

不論是否持有巴士票卡或往復券，從後門上車時請務必抽取整理券，雖然持有巴士票卡或其他交通儲值 IC 卡，在上、下車時分別刷卡即可支付車資，但是如果遇到刷卡失敗等突發狀況，有整理券可以表明自己的上車地點，會比較容易溝通，建議不論如何都

要記得抽取整理券。

日本的巴士基本上每一站都會停靠，尤其是市區的巴士，在駕駛前方的運賃板上也會有跑馬燈顯示下一站的站名。鄉間的巴士就不一定了，最好先查詢清楚目的地的站名，下車前請按鈴提醒司機先生到站停車，並對照整理券的號碼於運賃板上確認所需支付的車資。

待巴士停妥後，將整理券及車資依序投入運賃箱，若是初次乘車不確定投入位置，可以請教司機先生，即使語言不通，準備好整理券及車資應該不難溝通。如果是使用巴士票卡或 IC 卡支付車資，也請先投入整理券再插入票卡，然後由前門下車。

巴士下車鈴

路面電車

簡稱「市電」的路面電車，是在市區道路上直接設置軌道運行的有軌電車，市電的車站外觀和巴士站類似，乘車方式簡單且班次固定，是在市區內移動時相當便利的交通工具，在北海道僅札幌和函館設有路面電車，以下簡單介紹兩者的特色。

市電軌道就設置在路面上

市電車站

札幌市電

札幌市電對於遊客來說實用性並不高，路線上的知名景點貍小路和薄野，不論是搭乘地下鐵或巴士也都能到達，而且市電未在 JR 車站附近設站，交通銜接上較為不便。唯一值得搭乘市電前往的景點是「藻岩山」，在ロープウェイ入口站（纜車入口）下車後步行約 5 分即可到達；札幌市電車資便宜，單程均一價只要 170 円，比地下鐵、巴士的最低車資 200 円還划算，是遊客前往藻岩山首選的交通方式。

PART
1

PART
2

PART
3

PART
4

PART
5

PART
6

PART
7

札幌市電有免費提供的觀光訊息，如藻岩纜車的折價優惠券

函館市電

　　由於函館沒有地下鐵，市電就成為重要的大眾交通工具，在市區的主要景點都設有電車站，像是 JR 函館站周邊、金森倉庫和元町教會群附近、五稜郭公園和湯之川（湯の川）溫泉街等，可以說函館市區一日遊的景點都包含在內了。對於自助遊函館的旅客而言，幾乎是一定會利用到的交通工具，車資的計價方式和巴士相同，是以乘車的距離來計算，單程為 210 ～ 250 円；乘車方式也一樣為後門上車、前門下車，上車時別忘了抽取整理券。

函館市電的車型及車站設計都跟札幌市電相似

主要觀光都市交通

札幌市區交通

　　札幌市的大眾交通工具有地下鐵、
市電和巴士，市區的主要觀光景點搭乘地
下鐵或巴士就能直達，市郊的景點則必須
利用地下鐵轉乘巴士，不過各路線的班次
都不少，交通規劃上不會有大問題。

散步路線

　　札幌市中心的景點之間距離都不算遠，可以考慮用步行的方式規劃路線，札幌車站
往大通、薄野方向的地下通道連接了多個商場，既沒有紅綠燈、也不受天候影響，相當
方便在市區徒步移動。

　　從 JR 札幌站北口的北海道大學往南至薄野區間，有北海道舊行政廳舍、時計台、大
通公園、札幌電視塔、狸小路等多個景點，不過別急著一口氣全部走完，因為一趟逛下
來可能得花上一整天，非常累人，建議挑選其中幾個景點，安排半日的散步行程即可；
另外半日則搭乘地下鐵遊覽其他景點，就完成基本的札幌一日遊行程規劃。

平日搭乘地下鐵盡量避開上、下班時間，尤其是攜帶行李移動相當不便

PART 1
PART 2
PART 3
PART 4
PART 5
PART 6
PART 7

地下鐵遊札幌

　　想輕鬆的玩遍札幌市，最推薦的交通工具是地下鐵，路線四通八達、班次又多，不但可快速移動，搭乘方式也很簡單，即使是自助旅行的入門者都能輕鬆上手。購買超值的地下鐵專用 1 日乘車券，還可以無限次數搭乘，非常適合觀光客使用。1 日乘車券區分為平日及週末使用兩種，於各地下鐵車站的自動售票機就能購買；週末適用的票券較便宜，如果時間可以配合，建議將札幌市區一日遊安排在週末。

購票方式

　　此處以週末適用的地下鐵專用 1 日乘車券「ドニチカ」為例，介紹自動售票機的操作方式。

1 日乘車券	成人	孩童
地下鉄專用（平日適用）	830 円	420 円
ドニチカキップ（週末、假日適用）	520 円	260 円

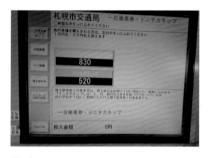

Step 1

點選螢幕左側「一日乘車券」，選擇「ドニチカキップ」

Step 2

投入所需金額

Step 3

取票及找零

「ドニチカ」的使用公告

札幌市區交通路線圖

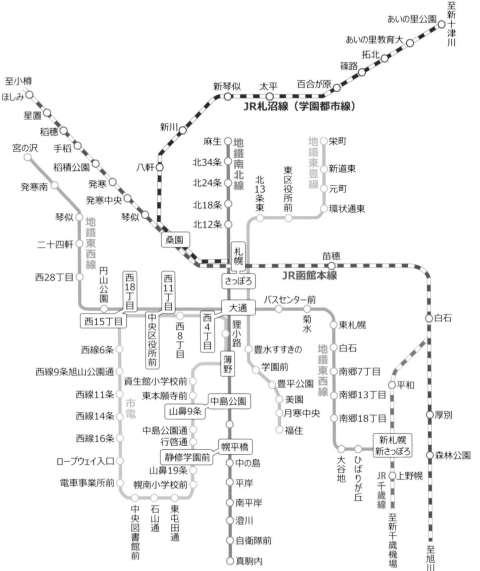

PART 1
PART 2
PART 3
PART 4
PART 5
PART 6
PART 7

函館市區交通

前往函館

　　函館是北海道南部的第一大城市，也是與本州銜接的第一個主要都市，若是從日本其他地區搭乘新幹線前往北海道，函館就成了第一站；從臺灣也有直飛函館的班機，可以說是北海道的另一個門戶。

　　前往函館的交通方式不外乎是以下幾種，其一是搭乘JR、或從本州地區搭乘新幹線，另外則是搭乘飛機至函館機場後，再轉乘巴士到市區。

函館機場國內線航廈外的巴士站，往函館車站方向在 3 號乘車處

東京車站	東北・北海道新幹線はやぶさ 4 小時 2 分，每天 10 班次	新函館北斗站	JR 函館ライナー 15 分，每天 16 班次	
札幌車站	JR 特急北斗 3 小時 30 ~ 55 分，每天 12 班次			JR 函館站
登別車站	JR 特急北斗 2 小時 25 ~ 40 分，每天 12 班次			
函館機場	函館帝產巴士 20 分/410 円			

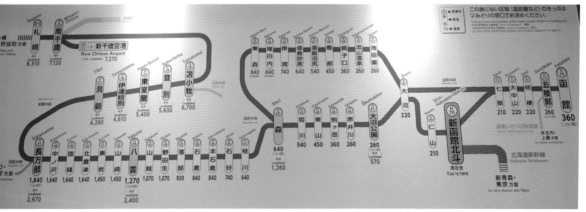

從新函館北斗站至周邊地區的 JR 票價表

路面電車

　　路面電車是函館市區最方便的大眾交通工具，在主要景點都設有市電車站，對觀光客來說也非常實用。函館市區阪道（斜坡）很多，雖然景點間的距離都不遠，走上半天也是十分累人，利用市電移動不但省時、也輕鬆不少；另外像是與市中心有段距離的五稜郭公園或湯之川溫泉，就非得搭車前往不可。

　　不妨購買函館市電 1 日乘車券，來回一趟必訪的五稜郭公園、欣賞函館山夜景後搭車回飯店，光是這樣三趟就值回票價了，相當推薦使用。亦有市電‧函館巴士共通 1 日、2 日乘車券，不過並非所有巴士路線皆可搭乘，而且許多路線的景點重複，單買市電 1 日乘車券其實就足夠了。

市電‧函館巴士共通	成人	孩童
1 日乘車券	1,000 円	500 円
2 日乘車券	1,700 円	850 円
市電 1 日乘車券	600 円	300 円

小樽市區交通

經典半日遊

　　小樽的市區觀光單靠步行就可以完成，邊走邊逛的經典半日遊路線，途中還可加入下午茶的行程，品嚐特色美食之外，也作為中繼站稍事休息；除非是安排與市中心有段距離的天狗山或小樽水族館，徒步漫遊小樽運河並不會太累。上午就抵達小樽的遊客，建議從 JR 小樽站出發，沿途經小樽運河、小樽壽司街、堺町，要返回札幌住宿的話，可以順路至 JR 南小樽站乘車。下午才抵達小樽的遊客，建議從 JR 南小樽站出發，先到營業時間較早結束的堺町，再逛小樽運河、小樽壽司街，最後順路至 JR 小樽站乘車返回札幌。

一日乘車券

　　有長者及小朋友同行，或是打算前往天狗山和小樽水族館的遊客，不妨選擇搭乘「小樽散策巴士」，單程全票 220 円，購買 1 日乘車券可無限次數搭乘，還有搭配觀光景點推出的各種巴士套票如下：

小樽散策巴士的外觀既復古又特別

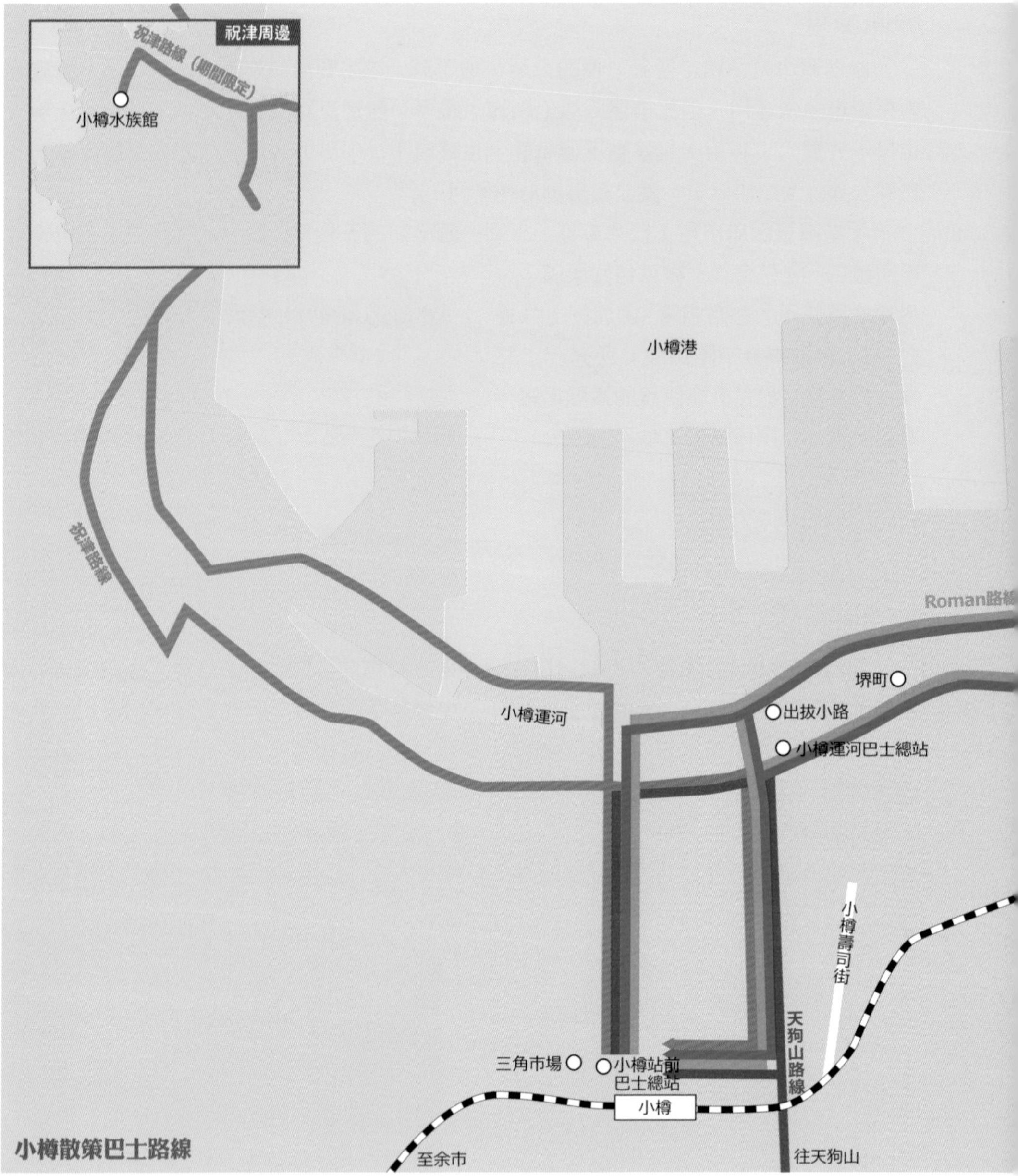

PART
1

PART
2

PART
3

PART
4

PART
5

PART
6

PART
7

祝津周邊

祝津路線（期間限定）

小樽水族館

小樽港

祝津路線

Roman路線

小樽運河

堺町

出拔小路

小樽運河巴士總站

小樽壽司街

天狗山路線

三角市場

小樽站前
巴士總站

小樽

小樽散策巴士路線

至余市

往天狗山

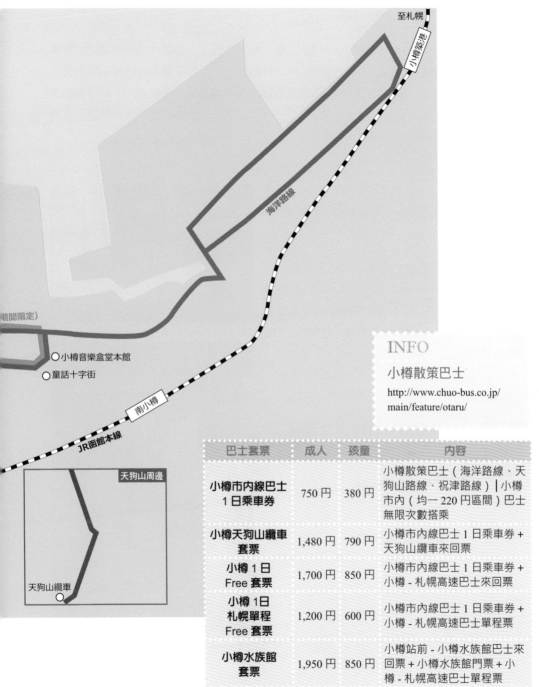

至札幌

小樽築港

海洋路線

南小樽

JR函館本線

○ 小樽音樂盒堂本館

○ 童話十字街

（期間限定）

天狗山周邊

天狗山纜車

INFO

小樽散策巴士

http://www.chuo-bus.co.jp/
main/feature/otaru/

巴士套票	成人	孩童	內容
小樽市內線巴士 1 日乘車券	750 円	380 円	小樽散策巴士（海洋路線、天狗山路線、祝津路線）｜小樽市內（均一 220 円區間）巴士無限次數搭乘
小樽天狗山纜車 套票	1,480 円	790 円	小樽市內線巴士 1 日乘車券＋天狗山纜車來回票
小樽 1 日 Free 套票	1,700 円	850 円	小樽市內線巴士 1 日乘車券＋小樽 - 札幌高速巴士來回票
小樽 1 日 札幌單程 Free 套票	1,200 円	600 円	小樽市內線巴士 1 日乘車券＋小樽 - 札幌高速巴士單程票
小樽水族館 套票	1,950 円	850 円	小樽站前 - 小樽水族館巴士來回票＋小樽水族館門票＋小樽 - 札幌高速巴士單程票

PART
1

PART
2

PART
3

PART
4

PART
5

PART
6

PART
7

其他地區交通

　　北海道多數地區的大眾交通工具，除了 JR、就只有巴士，偏遠地區的鄉間連計程車都沒有，巴士的班次也很少，JR 就像是當地人的巴士。一般遊客會前往的城市當然都有巴士，熱門的景點從 JR 車站也都有巴士可以直達，儘管北海道的幅員廣大，各地區的交通方式卻很單純，並不需要花太多時間研究，只要在正確的 JR 車站下車，再轉搭巴士前往即可。規劃交通時注意的幾個重點如下：

往復券

　　中、長程的巴士路線車資較貴，不妨留意是否販售往復券（來回票），可以節省一點旅費。

末班車

　　務必事先確認巴士的發車時間和回程班次，有許多地方巴士班次很少，下午 3 ~ 4 點左右的班次就是末班車了，不小心錯過回程的末班車會很麻煩，有些地方甚至要找計程車也沒辦法，和臺灣差異很大。

往復券的票價會比較便宜

熱門景點巴士

JR 登別站	往登別溫泉方向 25 分/340 円	登別溫泉

JR 洞爺站	往洞爺湖溫泉方向 20 分/330 円（來回 600 円）	洞爺湖溫泉

JR 旭川站	往旭山動物園方向 40 分/440 円	旭山動物園

JR 登別站前的巴士乘車處

1 在 JR 洞爺站有前往洞爺湖溫泉的巴士資訊　2 前往洞爺湖溫泉的巴士　3 巴士站牌上的時刻表
4 在 JR 旭川站循指標即可找到往旭山動物園的巴士站

初至
北海道

PART
1

PART
2

PART
3

PART
4

PART
5

PART
6

PART
7

首日行程規劃

　　札幌是北海道最主要的門戶，從臺灣至北海道旅遊，不論是直飛或透過轉機，幾乎都是從札幌近郊的新千歲機場進出。不妨針對新千歲機場周邊的景點，規劃適合自己的首日行程，需要留意的重點如下：

抵達時間

　　不論是從臺灣直飛，或是透過日本的國內線轉機，每個人抵達北海道的時間不盡相同，適合安排的行程也會有所不同，規劃行程時不宜太過緊湊。

行李寄放

　　自助旅行的首日與最終日，免不了要攜帶大件的行李一起移動，在規劃行程時必須考慮行李的寄放方式和地點。

行程彈性

　　考量班機的起降時間可能延誤，或是有其他突發狀況，行程安排上需保留彈性，事先想好因應的備案。

空服員會在機上提供「外國人入境表」及「携帶物品申告書」，記得準備一支筆填寫資料

入境表背面

外国人入国記録 DISEMBARKATION CARD FOR FOREIGNER 外國人入境記錄 【ARRIVAL】

英語又は日本語で記載して下さい。Enter information in either English or Japanese. 請用英文或日文填寫。

氏　名 Name 姓名	Family Name 姓(英文)		Given Names 名(英文)	
生年月日 Date of Birth 出生日期	Day 日 日期 Month 月 月份　　Year 年 年度	現　住　所 Home Address 現住址	国名 Country name 國家名	都市名 City name 城市名

渡 航 目 的 Purpose of visit 入境目的	☐ 観光 　 Tourism 　 旅遊　　☐ 商用 　　　　　 Business 　　　　　 商務　　☐ 親族訪問 　　　　　　　　　 Visiting relatives 　　　　　　　　　 探親	航空機便名・船名 Last flight No./Vessel 抵達航班號
	☐ その他 　 Others 　 其他目的 （	日本滞在予定期間 Intended length of stay in Japan 預定停留期間
日本の連絡先 Intended address in Japan 在日本的聯絡處		TEL 電話號碼

裏面の質問事項について、該当するものに☑を記入して下さい。Check the boxes for the applicable answers to the questions on the back side.
對反面的提問事項，若有符合的請打勾。

1. 日本での退去強制歴・上陸拒否歴の有無 Any history of receiving a deportation order or refusal of entry into Japan 在日本有無被強制遣返和拒絕入境的經歷	☐ はい Yes 有 ☐ いいえ No 無
2. 有罪判決の有無（日本での判決に限らない） Any history of being convicted of a crime (not only in Japan) 有無被判決有罪的記錄（不僅限於在日本的判決）	☐ はい Yes 有 ☐ いいえ No 無
3. 規制薬物・銃砲・刀剣類・火薬類の所持 Possession of controlled substances, guns, bladed weapons, or gunpowder 持有違禁藥物、槍炮、刀劍類、火藥類	☐ はい Yes 有 ☐ いいえ No 無

以上の記載内容は事実と相違ありません。I hereby declare that the statement given above is true and accurate. 以上填寫內容屬實，絕無虛假。

署名 Signature 簽名

入境表上有中、英、日文說明，可用英文或日文填寫，在日本的聯絡處填上飯店的名稱和地址、電話即可

新千歲機場

不同於其他機場，花上一整天也逛不完的新千歲機場，是出了名的旅人遊樂場，二樓的機場大廳、免稅商店，三樓的美食餐廳、主題樂園，想要盡情逛街購物、品嚐北海道著名美食，或是有小朋友同行，想要找個地方讓他們消耗體力，這裡都非常適合。

| 新千歲機場 | 2F｜國際線抵達大廳·國內線出發大廳、免稅店
3F｜國內線航廈美食專區、聯絡通道主題樂園
4F｜國內線航廈溫泉設施 | 國內線航廈 B1F
JR 新千歲空港駅 | JR
40 分／1,070 円 | 札幌 |
| | | 國際線·國內線航廈 1F
巴士售票乘車處 | **高速巴士**
1 小時 20 分／1,030 円 | |

• 寄物便利性：設有投幣式置物櫃，亦可使用行李推車
• 行程彈性：高

新千歲機場　　　　　　　　　　　　國內線航廈大廳

INFO
新千歲機場
網址：http://www.new-chitose-airport.jp/tw/
營業時間：國內線 6:20 ~ 23:00｜國際線 6:30 ~ 22:30｜連絡設施 6:20 ~ 23:00，依店家而異

購物世界

國內線航廈二樓的購物世界，是新千歲機場最熱鬧的地方，北海道的知名伴手禮幾乎都可以在此一次買齊，還有各種農畜、水產品，日式雜貨、藥妝等，店家非常多，認

真逛一圈至少也要 1 ~ 2 小時，是熱愛逛街購物者的天堂。

　　北海道的著名特產如白色戀人、六花亭、北菓樓、LeTAO、Royce'、じゃがポック
ル（薯條三兄弟），或是部分日本品牌服飾、生活雜貨、書籍等，都可以在這裡找到，
若是返國前才發現東西忘了買，或是想把剩下的日幣花掉，都可以在此痛快採買。

PART
1

PART
2

PART
3

PART
4

PART
5

PART
6

PART
7

美食專區

　　在新千歲機場想吃道地的美食來這裡就對了，像是成吉思汗烤肉、湯咖哩、拉麵、壽司、甜點等，北海道各地著名料理在國內線航廈三樓的美食專區都可以品嚐到，而且在此設點的店家多數都相當知名，如迴轉壽司根室花丸、函館麵廚房味彩（あじさい）、札幌名物一幻拉麵、湯咖哩 lavi 都在此設有分店，讓來到新千歲機場的旅客就能吃遍北海道。

主題樂園

　　在美食專區旁有一個以航空為主題的「大空博物館」，除了展示飛機模型之外，還設置了飛行模擬器，可以體驗駕駛飛機起降的快感。穿越美食區，在通往國際線航廈的聯絡通道上，會經過「Royce' 巧克力世界」、「Hello Kitty 快樂飛行公園」、「哆啦 A 夢空中樂園」等三個主題館，如果有小朋友同行，這裡絕對是來到新千歲機場不能錯過的地方。

INFO

大空博物館
網址：http://www.new-chitose-airport.jp/ja/spend/enjoy/airplane/firmament_museum/
開放時間：10:00 ～ 18:00
飛行模擬：2 分 30 秒 100 円，4 分 30 秒 200 円

1 航廈間的聯絡通道—微笑之路　2 Royce' 巧克力世界　3 哆啦 A 夢空中樂園

PART 1
PART 2
PART 3
PART 4
PART 5
PART 6
PART 7

Royce' 巧克力世界

這裡就像是一座巧克力博物館，除了展示及販售巧克力外，也可透過玻璃窗參觀巧克力的製作實況，還有巨大的巧克力造型牆面可供拍照。

Royce' 巧克力世界

INFO

Royce' Chocolate World

網址：http://www.new-chitose-airport.jp/tw/spend/shop/s170.html
開放時間：8:00 ～ 20:00

Hello Kitty 快樂飛行公園

　　Hello Kitty 在此化身為航空公司的空服員，帶領大家展開環遊世界之旅，在各地的經典場景中與三麗鷗的主角們一同拍照留念，還有各種娛樂設施及熱鬧的慶典活動，可以充分感受環遊世界的樂趣。

INFO

Hello Kitty Happy Flight
網址：http://www.new-chitose-airport.jp/tw/happy-flight/
開放時間：10:00 ～ 18:00（商店營業至 18:30）
門票：成人（中學生）800 円，小學生以下 400 円，未滿 3 歲免費

哆啦 A 夢空中樂園

　　全球第一個哆啦 A 夢主題館，分為公園區、幼兒活動區、圖書區、咖啡廳、商店區和遊樂區等，不論是大朋友或小朋友，在這裡都可以玩得盡興。由各種漫畫中的場景布置而成的公園區需收費，除了可以體驗哆啦 A 夢的神奇道具，還能拍出許多有趣的照片。

| 1 在漫畫場景裡拍照留念　2 到咖啡店小憩一下　3 各式原創商品專賣店　4 免費的幼兒遊戲區

哆啦 A 夢空中樂園售票處

INFO

Doraemon Wakuwaku Sky Park

網址：http://www.new-chitose-airport.jp/tw/doraemon/
開放時間：公園區、商店區 10:00 ～ 18:30，咖啡廳 10:00 ～ 19:00
門票：成人 800 円，中學生 500 円，小學生以下 400 円，未滿 3 歲免費

綠洲公園

　　在國內線航廈四樓的綠洲公園除了有電影院，
更有日本獨一無二的機場溫泉設施，在等候班機的
同時，不妨來此看場電影或泡個溫泉；另外，展望
臺的入口位於三樓的美食區旁，但冬季不對外開放。

• 開放時間：電影院 9:00 ～ 24:00｜展望臺 4 ～ 11 月，
　8:00 ～ 20:00

INFO

新千歲空港溫泉

網址：http://www.new-chitose-airport-onsen.com/
營業時間：10:00 ～翌日 9:00

溫泉設施價目表

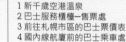

1 新千歲空港溫泉
2 巴士服務櫃檯一售票處
3 前往札幌市區的巴士票價表
4 國內線航廈前的巴士乘車處

巴士乘車處

　　各家租車公司的服務櫃檯均設在國內線航廈一樓中央大廳，已預約租車者可在此取車；走出大廳便能看見巴士乘車處，巴士服務櫃檯備有詳細的時刻表及路線圖，可由此搭乘高速巴士前往札幌或道南等地。雖然巴士的速度沒有 JR 快，但是要前往札幌市周邊的地區時選擇較多，像是円山、宮の沢、三井 Outlet Park、定山溪等地，搭乘巴士就能直達，票價也較 JR 便宜一些。

JR 新千歲機場站

在巴士乘車處旁有通往地下一樓的手扶梯，若是要搭乘 JR 前往北海道各大城市，可由此直接下樓至 JR 新千歲機場站；本站設有綠色窗口，欲購買 JR Pass 或是預訂車票，都可以在此辦理。四通八達的 JR 班次很多，約 15 分就有一班車由機場前往札幌市區，各車次時間可能會略有變動，請至 JR 北海道官網查詢確認。

新千歲空港駅 發車時刻表

種別	当駅発	札幌着	行先	のりば	種別	当駅発	札幌着	行先	のりば	種別	当駅発	札幌着	行先	のりば	種別	当駅発	札幌着	行先	のりば
普通	6:54	7:47	手稲 行	❶	快速	11:03	11:40	小樽 行	❶	快速	15:03	15:40	小樽 行	❶	快速	19:03	19:40	小樽 行	❶
普通	7:02	7:59	札幌 行	❷	快速	11:18	11:55	旭川 行	❷	快速	15:18	15:55	旭川 行	❷	快速	19:18	19:55	旭川 行	❷
普通	7:27	8:19	札幌 行	❶	快速	11:33	12:10	小樽 行	❶	快速	15:33	16:10	小樽 行	❶	快速	19:33	20:10	小樽 行	❶
普通	7:36	8:29	手稲 行	❶	快速	11:48	12:25	札幌 行	❷	快速	15:48	16:25	札幌 行	❷	快速	19:48	20:25	札幌 行	❷
普通	7:51	8:50	札幌 行	❷	快速	12:03	12:40	小樽 行	❶	快速	16:03	16:40	小樽 行	❶	快速	20:03	20:40	小樽 行	❶
快速	8:16	8:53	札幌 行	❷	快速	12:18	12:55	旭川 行	❷	快速	16:18	16:55	旭川 行	❷	快速	20:18	20:55	旭川 行	❷
快速	8:33	9:10	小樽 行	❶	快速	12:33	13:10	小樽 行	❶	快速	16:33	17:10	小樽 行	❶	快速	20:33	21:12	小樽 行	❶
快速	8:48	9:25	札幌 行	❷	快速	12:48	13:25	札幌 行	❷	快速	16:48	17:25	札幌 行	❷	快速	20:48	21:27	札幌 行	❷
快速	9:03	9:40	小樽 行	❶	快速	13:03	13:40	小樽 行	❶	快速	17:03	17:40	小樽 行	❶	快速	21:03	21:42	小樽 行	❶
快速	9:18	9:55	札幌 行	❷	快速	13:18	13:55	旭川 行	❷	快速	17:18	17:55	旭川 行	❷	快速	21:15	21:55	旭川 行	❷
快速	9:33	10:10	小樽 行	❶	快速	13:33	14:10	小樽 行	❶	快速	17:33	18:10	小樽 行	❶	快速	21:30	22:09	札幌 行	❶
快速	9:48	10:25	札幌 行	❷	快速	13:48	14:25	札幌 行	❷	快速	17:48	18:25	札幌 行	❷	快速	21:50	22:29	印 行	❷
快速	10:03	10:40	小樽 行	❶	快速	14:03	14:40	小樽 行	❶	快速	18:03	18:40	小樽 行	❶	快速	22:00	22:39	小樽 行	❶
快速	10:18	10:55	旭川 行	❷	快速	14:18	14:55	旭川 行	❷	快速	18:18	18:55	旭川 行	❷	快速	22:14	22:51	手稲 行	❷
快速	10:33	11:10	小樽 行	❶	快速	14:33	15:10	小樽 行	❶	快速	18:33	19:10	小樽 行	❶	快速	22:35	23:15	小樽 行	❶
快速	10:48	11:25	札幌 行	❷	快速	14:48	15:25	札幌 行	❷	快速	18:48	19:25	札幌 行	❷	快速	22:53	23:32	札幌 行	❶

1 JR 新千歲機場站的發車時刻表
2-3 在航廈內到處都有 JR 車站的指標，循著指標至地下一樓即可抵達 JR 新千歲機場站

Outlet 逛街購物

千歲暢貨商場 Rera

　　位在新千歲機場附近的大型暢貨商場 Rera，於營業時間內提供免費接駁巴士往返機場，每半小時就有一班車，相當適合作為初抵北海道、或是準備搭機離開前的銜接站；若是攜帶大件行李、不方便利用接駁巴士的遊客，建議可搭乘 JR 前往，在南千歲站下車後步行即達。

新千歲機場	搭乘 JR 至南千歲站下車，步行即達 3 分/310 円	千歲暢貨商場 Rera	JR 33 分/840 円	札幌

- 寄物便利性：設有投幣式置物櫃；大件行李可寄存於服務臺，費用為 500 円
- 行程彈性：高

商場的服務中心旁附設有兒童遊戲區，有小朋友同行也不會覺得無聊

初至北海道

北海道玩不賦／行程規劃書

INFO

Chitose Outlet Mall Rera

網址：http://www.outlet-rera.com/china/
營業時間：10:00 ～ 19:00

PART
1

PART
2

PART
3

PART
4

PART
5

PART
6

PART
7

三井 Outlet Park

　　日本知名的暢貨商場，於 2010 年進駐札幌，是札幌市內最大的購物中心；初期包括首次登陸日本的 9 個品牌在內，共有 58 個品牌是首次在北海道設點，網羅的品牌和 Rera 略有不同，可以說是各有各的擁護者。

　　從新千歲機場就有巴士可直達三井 Outlet Park，推薦給計畫至北海道大肆採購一番的遊客，作為前進札幌的中繼站，不妨持護照至服務臺詢問是否提供外國遊客專屬的特惠券（coupon），盡情享受購物之旅。

新千歲機場	國際線 65 號 ｜ 國內線 14 或 22 號乘車處搭乘直達巴士 30 分/930 円	三井 Outlet Park	直達巴士 50 分/310 円	札幌

• 寄物便利性：設有投幣式置物櫃
• 行程彈性：中

1-2 三井 Outlet Park
3-4 商場前的巴士站就有往返新千歲機場的直達巴士

INFO

三井 Outlet Park 札幌北広島

網址：https://mitsui-shopping-park.
　　　com/mop/sapporo/tw/index.html
營業時間：商店 10:00 ～ 21:00，
餐廳 11:00 ～ 21:00，美食廣場
10:30 ～ 21:00

けやき

　　札幌味噌拉麵的名店「けやき」，本店位於札幌市區的薄野，店內僅有吧檯座位十席，經常是大排長龍，推薦給到訪三井 Outlet Park 的遊客，可至二樓美食廣場的分店品嚐這人氣拉麵。

INFO

けやき（札幌北広島店）

網址：http://www.sapporo-keyaki.
　　　jp/kitahiroshima.html
營業時間：10:30 ～ 21:00
消費：820 ～ 1,200 円/人

PART
1

PART
2

PART
3

PART
4

PART
5

PART
6

PART
7

登別溫泉攬勝

　　登別是日本相當著名的溫泉勝地，在每年的日本溫泉百選都是名列前五名的優等生，對於追尋名湯之旅的遊客來說，至北海道旅行絕對不能錯過登別溫泉。

　　從行程規劃的角度來看，打算前往道南方向的旅客與其先往北到札幌、再往南到登別，不如直接從新千歲機場搭乘道南巴士至登別溫泉（每日有兩班直達車，分別於 12:00 及 13:15 從機場出發），既不必走回頭路，也節省時間及車資；且高速巴士的座位空間較寬敞，大件行李還可以放置車廂託運，不像市區巴士狹窄擁擠。

新千歲機場巴士乘車處

　　搭乘巴士前請先購票，需要轉乘接駁車的班次會附上轉乘券；轉乘並不難，一般來說大部分的乘客都是要前往登別溫泉，司機先生也會提醒大家，下車後直接換乘接駁專車即可。

　　第二天上午的行程以溫泉街周邊的景點為主，如地獄谷、大湯沼、天然足湯、熊牧場等。若是隨身的行李不少，建議先將行李寄存在飯店，要離開溫泉街時再前往領取。

轉乘券

新千歲機場	**國內線 29 號**｜**國際線 66 號乘車處搭乘道南巴士** 1 小時 15 分/1,370 円	登別溫泉

• 寄物便利性：寄存飯店
• 行程彈性：低

INFO

道南巴士時刻表

網址：http://www.new-chitose-airport.jp/tw/
access/bus/timebusd/

換乘接駁專車前往登別溫泉

街道上不時有煙霧從水溝冒出，充滿登別溫泉特有的鬼文化氣氛

INFO

登別観光協会

網址：http://www.noboribetsu-spa.jp/?lang=tw

札幌市區觀光

　　飛抵北海道後，再從新千歲機場到達札幌市區，一般來說都已經是傍晚之後，這時間最熱鬧的地方就屬薄野和狸小路了。薄野（すすきの）是札幌著名的不夜城，店家的打烊時間較其他地區晚；狸小路與薄野相鄰，各種美食、藥妝、特產店林立，營業時間通常至 21:00 ～ 22:00，也有 24 小時營業的連鎖藥妝店「唐吉訶德」。

　　日本的百貨公司、商店街大多只營業到 20:00 左右，相較於許多景點從傍晚開始陸續熄燈，薄野和狸小路的夜生活才正要開始，最適合作為抵達札幌的第一站；建議先到飯店 check in、放置行李後再出門，可從札幌車站轉乘地下鐵至薄野站（3 分/200 円），順著街道往大通公園方向步行 5 分即達狸小路。

| 新千歲機場 | 搭乘 JR
37 分/1,070 円 | 札幌站 | 步行或
轉乘地鐵 | 住宿飯店
check in | 步行或搭乘地鐵
至大通或薄野站 | 薄野 &
狸小路 |

- 寄物便利性：札幌車站設有置物櫃
- 行程彈性：高

薄野街道

狸小路商店街

最終日的行程規劃

　　北海道旅行的最後一天，當然也適用類似的方式規劃行程，不過除了必須攜帶行李移動，還要盡量提前抵達機場，時間上較為緊迫，也不容許有意外發生。建議退房後直接前往機場，以逛街採買的行程為主，新千歲機場美食雲集，加上有行李推車方便搬運大件行李，非常適合作為登機前的最後一站。

值得一提的是國際線管制區內也有免稅商店，北海道限定的白いブラックサンダー（白雷神巧克力）和 Royce' 巧克力等人氣伴手禮，在這裡都可以買到，還有少部分藥妝和馬油等熱門商品，不限購買金額直接免稅之外，更省去麻煩的行李打包問題；只是品牌、種類不一定齊全，或是可能會有售完的情況發生，例如熱銷的伴手禮「薯條三兄弟」，經常在下午就銷售一空，非買不可的商品，切記要預先購買。

1 機場管制區內的免稅店是最後採買的好地方　2 新千歲機場 4F 綠洲公園的店鋪　3 機場免稅店的臺籍服務人員

4

札幌
一日遊

經典一日遊

札幌精選套票

札幌精選（さっぽろセレクト）是針對札幌市熱門景點，包括札幌電視塔、大倉山展望臺、北海道博物館、羊之丘展望臺、北海道開拓村、札幌奧林匹克博物館等所推出的超值觀光套票，可在札幌車站西北口的觀光案內所購買。

A 路線｜藻岩山纜車＋上述景點六選二，2,300 円

B 路線｜上述景點六選三，1,350 円

• 網址：http://www.sapporoselect.jp/index.html

札幌車站西北口的觀光案內所

札幌精選套票

提案 1

市郊精選路線

円山公園・北海道神宮 ➤ 札幌車站 ➤ 開放選項 ➤ 藻岩山纜車站 ➤ 飯店
選項 1｜羊之丘展望臺　選項 2｜北海道開拓村

景點	交通方式	停留時間
円山公園・ 北海道神宮	以大通站出發為例— 搭乘地鐵至円山公園站（5 分/200 円）▶ 步行約 5 分	1 小時
札幌車站	搭乘地鐵至札幌站（7 分/250 円）	1.5 小時
羊之丘 展望臺 （冬）	搭乘地鐵至福住站（13 分/250 円）▶ 轉乘巴士〔福 84〕羊ヶ丘線（12 分/210 円） •4 ~ 11 月運行 札幌站前東急百貨搭乘巴士〔89〕羊ヶ丘線（39 分/240 円）	30 分 ~ 1 小時
北海道 開拓村 （夏）	搭乘 JR 至新札幌站（8 ~ 12 分/260 円）▶ 轉乘巴士〔新 22〕開拓の村線（15 分/210 円） 搭乘地鐵至新札幌站（21 分/320 円）▶ 轉乘巴士〔新 22〕開拓の村線（15 分/210 円）	2 小時
藻岩山 纜車站	搭乘巴士〔福 84〕羊ヶ丘線至福住站（12 分/210 円）▶ 轉乘地鐵至大通站（11 分/250 円）▶ 從西 4 丁目轉乘市電至ロープウェイ入口（20 分/170 円）▶ 搭乘免費接駁車或步行約 10 分 搭乘巴士〔新 22〕開拓の村線至新札幌站（15 分/210 円）▶ 轉乘地鐵至大通站（19 分/320 円）▶ 從西 4 丁目轉乘市電至ロープウェイ入口（20 分/170 円）▶ 搭乘免費接駁車或步行約 10 分	1 小時
市區飯店	搭乘市電至距離飯店最近的車站（170 円），或轉乘地鐵	

交通費：地鐵 1 日券 830｜520 円＋巴士往返（羊之丘展望臺｜北海道開拓村）420 円＋市電往返（藻岩山纜車站）340 円 = 1590｜1280 円

- 推薦用餐地點：午餐｜JR 札幌站；晚餐｜羊之丘或北海道開拓村
- 推薦票券：地下鐵專用 1 日乘車券 830 円｜ドニチカキップ 520 円（週末、假日適用）；
  札幌精選套票 A 路線 2,300 円

円山公園・北海道神宮

　　円山公園是札幌市內最著名的公園，位於市區西邊的円山山麓，北海道神宮及円山動物園皆包含在內。周圍環境清幽、樹木林立，札幌市民假日經常來此踏青；冬季白雪覆蓋，也可見到家長帶小朋友來此玩雪、堆雪人；每到 5 月初的櫻花季，更成為札幌最熱門的賞櫻景點，天天都有人在此野餐。若是冬季前往円山公園，不妨留一些時間在公園內玩雪，只是堆雪人和打雪仗就可以玩得非常開心！

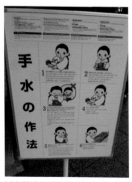

以各種語言解說淨手的方式，讓外國遊客也能入境隨俗，學習正確的參拜禮儀

PART 1
PART 2
PART 3
PART 4
PART 5
PART 6
PART 7

　　円山公園內有北海道社格最高的神社——北海道神宮，以前稱為札幌神社，祭祀北海道開拓之神，是北海道最知名的神社。北海道的開發較晚，神社也不如日本其他地區多，對日本歷史或神社有興趣的讀者一定不能錯過這裡；或是想在北海道買個祈福保平安的御守（護身符），北海道神宮肯定是首選。在北海道神宮旁往停車場方向，有伴手禮名店六花亭提供免費熱茶及販售茶點，參拜者可在此稍作休息。

1 綠意盎然的円山公園 2 白雪覆蓋的円山公園 3 櫻花盛開的円山公園 4 北海道神宮
5 北海道神宮前的手水舍，參拜前須在此洗淨雙手 6 到神社參拜不可少的抽籤祈福及各式御守

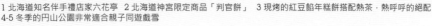

1 北海道知名伴手禮店家六花亭　2 北海道神宮限定商品「判官餅」　3 現烤的紅豆餡年糕餅搭配熱茶，熱呼呼的絕配
4-5 冬季的円山公園非常適合親子同遊戲雪

INFO

北海道神宮

網址：http://www.hokkaidojingu.or.jp/china/index.html
開放時間：4月1日～10月15日，6:00～17:00 | 10月16日～10月31日，6:00～16:30 |
　　　　　11月1日～2月14日，7:00～16:00 | 2月15日～3月31日，7:00～16:30

札幌車站

　　札幌車站幾乎是所有旅客到訪札幌的第一
站，這裡除了有 ESTA 及大丸百貨，地下街的商場
也有眾多服飾專櫃，在北海道要找特定品牌的商
品，來這裡絕對不會錯；想買電器用品、日式雜
貨都可以在這裡找到，更有物美價廉的百円商店，
是一次就能買齊購物清單的好地方。

札幌車站的周邊是購物天堂

PART
1

PART
2

PART
3

PART
4

PART
5

PART
6

PART
7

　　另外，在百貨公司及地下街還有式各樣的美食餐廳，旁邊即為巴士總站和地鐵站，不論前往市區或北海道各地交通皆十分便利，從行程規劃的角度來看，是個結合購物、美食，又可作為交通銜接的中繼站，讓行程安排更加具有彈性。

知名品雲集的大丸百貨

日本知名電器用品連鎖賣場 BIC CAMERA

INFO

大丸百貨
網址：http://www.daimaru.co.jp.t.md.hp.transer.
　　　com/sapporo/index.html
營業時間：10:00 ～ 20:00，部分賣場及美食街
　　　　　營業至 22:00

ESTA
網址：http://www.sapporo-esta.jp.t.ou.hp.transer.
　　　com/
營業時間：10:00 ～ 21:00，餐廳 11:00 ～ 22:00

迴轉壽司根室花丸

　　標榜新鮮第一的迴轉壽司名店，在北海道許多地方設有分店，札幌車站樓上的分店位於 JR Tower STELLAR PLACE 六樓，每到用餐時間總是大排長龍，店家不接受預約，想在此用餐最好避開人潮、提早前往。

用餐時段幾乎都得排隊的迴轉壽司名店根室花丸

なか卯

　　相當平價的日式定食連鎖店，與臺灣人熟知的松屋、吉野家類似，不同的是なか卯有多種組合套餐，像是牛丼＋烏龍麵，或是牛丼＋咖哩，餐點多樣化，又能以便宜的價格一次吃到兩種料理，適合想節省旅費、快速用餐的人。札幌車站的分店位於南口廣場地下一樓 W-21，採自助式點餐，於機臺購入餐券後自行找座位入坐，然後將餐券置於桌上即可。

札幌拉麵共和國

　　拉麵是日本的國民美食，北海道拉麵比起日本其他地區的拉麵湯頭更濃郁、麵條偏硬卻也更有嚼勁，其中最著名的是札幌的味噌拉麵、旭川的醬油拉麵、函館的塩味拉麵，是饕客口中的北海道三大拉麵。位於札幌車站旁 ESTA 十樓的札幌拉麵共和國，集合北海道各地的拉麵名店，相當推薦讀者在此挑選各具特色的店家用餐。

PART
1

PART
2

PART
3

PART
4

PART
5

PART
6

PART
7

羊之丘展望臺

在羊之丘展望臺有一座北海道大學首任校長克拉克博士的雕像，順著雕像手指的方向是一片廣大的草原，夏季可以見到綿羊成群專注吃草的放牧景色，視線越過草原，眼前是遼闊的市區及札幌巨蛋，除此之外，這裡還有札幌雪祭資料館、札幌布蘭帕奇（白樺林）教堂、供應成吉思汗烤肉的羊之丘餐廳、販售北海道特產的商店和宮田屋咖啡店等，優美的景致讓人忘卻都市的繁忙吵雜，是札幌的代表性景點之一。

北大首任校長克拉克博士的銅像

INFO

羊ヶ丘展望臺
網址：http://www.hitsujigaoka.jp/han/
開放時間：5～6月、9月，8:30～18:00｜7～8月，8:30～19:00｜10～4月，9:00～17:00
門票：成人 520 円，學生 300 円

北海道開拓村

北海道開拓村是為了紀念北海道開拓百年而設立的野外博物館，分為市街地、漁村、農村、山村等四大區域，園區內完整重現許多明治、大正、昭和時期的代表性建築，置身其中彷彿進入時光隧道，市街上依冬、夏季節分別有馬拉雪橇或鐵道馬車運行，遊客可以走進歷史建物中參觀，實際體驗當時的生活起居，充滿濃厚的懷舊風情。

北海道開拓村園區模型

INFO

北海道開拓の村

網址：http://www.kaitaku.or.jp/
開放時間：5 ～ 9 月，9:00 ～ 17:00 | 10 ～ 4 月，9:00 ～ 16:30
休館日：每週一（5 ～ 9 月無休），12 月 29 日 ～ 1 月 3 日
門票：成人 800 円，學生 600 円

藻岩山纜車站

　　藻岩山位於札幌市西南，標高 531 公尺，搭乘兩段式纜車登上山頂展望臺，可 360
度飽覽札幌市全景，和從市區內的札幌電視塔或 JR Tower 展望室 T38 所見的棋盤格街景
不同，一整片的璀璨夜景讓人為之著迷。

札幌市夜景

幸福之鐘

INFO

藻岩山纜車（もいわ山ロープウェイ）

網址：http://moiwa.sapporo-dc.co.jp/index.html

開放時間：4 月 1 日～ 11 月 20 日，10:30 ～ 22:00｜12 ～ 3 月，11:00 ～ 22:00

票價（往返）：山麓駅 - 中腹駅｜成人 1,100 円，孩童 550 円；中腹駅 - 山頂駅（もーりすカー）｜
　　　　　　　成人 600 円，孩童 300 円

市區觀光路線

提案 2

大通公園 ▶ 二条市場 ▶ 円山公園・北海道神宮 ▶ 大倉山展望臺 ▶
藻岩山纜車站 ▶ 飯店

景點	交通方式	停留時間
大通公園	從飯店步行或搭乘地鐵至大通站	1 小時
二条市場	步行約 10 ~ 15 分	1 小時
円山公園・北海道神宮	搭乘地鐵至円山公園站（5 分/200 円）▶ 步行約 5 分	1 小時
大倉山展望臺	步行至円山公園站旁的巴士總站 ▶ 搭乘巴士〔円 14〕荒井山線至大倉山競技場入口站（10 分/250 円）▶ 步行約 12 分	1 小時
藻岩山纜車站	搭乘巴士〔円 14〕荒井山線至円山公園站（10 分/250 円）▶ 轉乘〔循環円 10｜循環円 11〕ロープウェイ線至もいわ山麓站（15 分/210 円） • 部分〔循環円 11〕未停もいわ山麓站，須在ロープウェイ入口站下車，步行約 10 分	1 小時
市區飯店	搭乘市電至距離飯店最近的車站（170 円），或至薄野站轉乘地鐵	

交通費 = 地鐵 200 円 + 巴士 710 円 + 市電 170 円 = 1080 円

• 推薦用餐地點：午餐｜二条市場或薄野及狸小路周邊；晚餐｜maruyama class
• 推薦票券：札幌精選套票 A 路線 2,300 円

maruyama class

　　從地下鐵円山公園站 6 號出口可直達 maruyama class，百貨商場內有多家餐廳、咖啡店及超市可供用餐。

• 網址：http://maruyama-class.com/

1 夏季的大通公園綠意盎然　2 札幌雪祭　3 大通公園在札幌白色燈樹節期間被布置得光彩奪目
4 札幌時計台為遊客所設的合影專區

大通公園

　　大通公園位處札幌市中心的交通樞紐，所有地下鐵路線匯集於此，不管要去哪裡都十分方便，是遊覽札幌的必經之地；就算是用步行的方式，往北至札幌車站也只需 10 ～ 15 分，往南至薄野及狸小路大約 5 ～ 10 分，附近還有時計台、電視塔等著名景點，是串起整個行程的重要銜接點。

　　長條型的大通公園橫跨西 1 ～西 13 丁目，總長度約 1.5 公里，裡頭有花圃、噴泉、雕塑，每個區域各有不同風格。札幌的許多祭典和活動都會在大通公園舉辦，像是冬季的札幌雪祭、春末的 YOSAKOI ソーラン祭り、夏日祭典的札幌啤酒節、秋末的札幌白色燈樹節，一整年都非常熱鬧。

札幌時計台

　　札幌市區的代表性景點之一，該建築原為札幌農學校的演武場（道場），後改建為札幌鐘樓，四面都設有時鐘，至今已有百年的歷史。現在館內展出相關歷史資料及照片，館外則規劃有攝影專區，不過比起入內參觀，更多遊客選擇在外與它合影，無時無刻總有絡繹不絕的人群。

PART
1

PART
2

PART
3

PART
4

PART
5

PART
6

PART
7

INFO

札幌時計台

網址：http://sapporoshi-tokeidai.jp/
開放時間：8:45 ～ 17:10
休館日：1 月 1 ～ 3 日
門票：成人 200 円，高中生以下免費

札幌時計台

札幌電視塔

　　位於大通公園內、西 1 丁目的札幌電視塔，早期是電視訊號的發送塔，現已退役，單純作為觀光展望塔之用，亦為札幌市的重要地標之一，在市區抬起頭經常都能看見它的身影。遊客可以購票登上塔頂的展望臺眺望札幌市區，雖然高度不如 JR Tower 的展望室 T38，但是可就近清楚觀賞大通公園及薄野的景色，許多旅遊書上從高處往下拍的大通公園都是從這裡取景，讓札幌電視塔的展望臺也成為欣賞札幌夜景重要的地點。

電視塔是札幌市區的地標建築

從電視塔的展望臺可以清楚觀賞札幌市街的夜景

INFO

札幌電視塔

網址：https://www.tv-tower.co.jp/tw/
開放時間：9:00 ～ 22:00　　　　　公休日：請至官網查詢確認
門票：成人 720 円，高中生 600 円，國中生 400 円，小學生 300 円，3 ～ 5 歲幼兒 100 円

二条市場

　　札幌市中心的大型海產市場，位於狸小路最東邊、東1～東2丁目一帶，店鋪數目約50間，販售豐富的螃蟹、海膽、干貝等新鮮海產，也有北海道盛產的蔬果，遊客可以來此品嚐美味的海鮮丼，或是購買海產、干貨等伴手禮。

- 營業時間：6:00 ～ 21:00（依店家而異）│飲食店街 7:00 ～ 18:00

どんぶり茶屋

　　海產市場內 CP 值最高的美食非海鮮丼莫屬，北海道的海產種類多樣又新鮮，點一碗綜合海鮮丼就可以一次品嚐到各式各樣的新鮮漁獲。どんぶり茶屋是二条市場最知名的海鮮丼店家，除了二条市場外，在新千歲機場及小樽市堺町也設有分店。

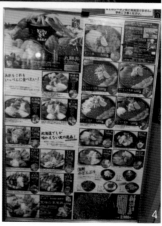

1-2 二条市場是有著百年歷史的集市　3 循指標即可在二条市場內找到どんぶり茶屋
4 種類豐富且價格平易近人的海鮮丼

PART 1
PART 2
PART 3
PART 4
PART 5
PART 6
PART 7

INFO

どんぶり茶屋（Donburi-Chaya）札幌二条市場店

網址：http://www.donburi.jp/shop/
營業時間：7:30 ～ 17:30（LO17:00）
消費：1,500 ～ 3,000 円/人

大倉山展望臺

　　大倉山跳臺競技場是 1972 年（昭和 47 年）札幌冬季奧運會的跳臺滑雪賽場，現在仍是正式的比賽場地，搭乘巴士至大倉山競技場入口站後，循著指標步行約 10 ～ 15 分即可抵達。來到競技場可搭乘纜車登上展望臺，除了可以從跳臺上俯瞰競技場，還能遠眺整個札幌市區；展望室裡也有小型販賣店，可一邊欣賞美景、一邊悠閒享受下午茶。另外，在競技場的山腳有座札幌奧林匹克博物館，裡面展出札幌冬季奧運會的相關歷史資料，以及各種雪地競技的體驗裝置，不妨結伴前往挑戰模擬競賽。

1 循指標步行即可抵達競技場　2 大倉山跳臺競技場　3 搭乘纜車登上展望臺可眺望札幌市區
4 奧林匹克博物館內的體驗裝置

INFO

大倉山展望臺

網址：http://okura.sapporo-dc.co.jp/index.html
開放時間：4 月 29 日 ~ 11 月 3 日，8:30 ~ 18:00 ┃ 11 月 4 日 ~ 4 月 28 日，9:00 ~ 17:00
票價（往返）：成人 500 円，孩童 300 円

奧林匹克博物館

網址：http://sapporo-olympicmuseum.jp/
開放時間：4 月 29 日 ~ 11 月 3 日，9:00 ~ 18:00 ┃ 11 月 4 日 ~ 4 月 28 日，9:30 ~ 17:00
門票：成人 600 円，中學生以下免費

札幌夜景

　　日本夜景觀光會議局在 2015 年於神戶舉辦的「夜景高峰會」中選出日本新三大夜景城市，分別由長崎、札幌、神戶拿下前三名，札幌藻岩山擠下原本名列第一的函館山，成為日本新三大夜景，也讓觀賞夜景成為到訪札幌不能錯過的行程之一。札幌有許多適合觀賞夜景的地點，每個地點的特色略有不同，在此推薦其中幾個景點。

夜景吸睛度	成人票價	交通／便利性	特色
藻岩山 ★★★★★	1,700 円	市電ロープウェイ入口站 ➤ 步行 10 分 ➤ 搭乘藻岩山纜車 ★★★	• 最具代表性的札幌夜景 • 可 360 度欣賞全景 • 室外賞景要注意保暖
JR Tower 展望室 T38 ★★★★	720 円	札幌車站旁 JR Tower ➤ 六樓展望室入口搭乘直達電梯 ★★★★★	• 札幌市中心最高點 • 室內展望室不受天候影響 • 可觀賞札幌市區棋盤格街道 • 交通便利，適合時間有限的旅客
札幌電視塔 ★★★★	720 円	大通公園西 1 丁目 ★★★★★	• 室內展望室不受天候影響 • 可近距離觀賞大通公園及棋盤格市街 • 交通便利，適合時間有限的旅客
旭山公園 ★★★	免費	地鐵円山公園站 ➤ 搭乘巴士〔円 13〕旭山公園線至旭山公園前 ★★★	• 札幌市民欣賞夜景的地點 • 室外賞景要注意保暖 • 可自行開車前往，車程約 15 分

INFO

日本新三大夜景

網址：http://jptop3.yakeikentei.jp/

PART
1

PART
2

PART
3

PART
4

PART
5

PART
6

PART
7

1

INFO

JR Tower 展望室 T38

網址：http://www.jr-tower.com/t38
開放時間：10:00 ～ 23:00
門票：成人 720 円，中學生 500 円，孩
童 300 円，3 歲以下免費

2

3

4

1 JR Tower 展望室 T38 可近距離觀賞札幌市街　2 每年 12 月的札幌白色燈樹節讓大通公園的夜景更加璀璨迷人
3 從藻岩山遠眺札幌市區視野遼闊　4 旭山公園是札幌市民欣賞夜景的私房地點

克拉克像

北海道大學

JR 札幌站

JR Tower

地鐵札幌站

地鐵札幌站

札幌站前地下街

地下鐵南北線

地下鐵東豐線

創成川

北海道廳舊本廳舍

札幌工廠

時計台

電視塔

NHK

大通公園

地鐵大通站

地鐵大通站

地下鐵東西線

丸井今井

三越

PARCO

丸井今井

狸小路

唐吉訶德

薄野站

札幌市電

冬季玩雪趣

PART
1

PART
2

PART
3

PART
4

PART
5

PART
6

PART
7

札幌雪祭路線

提案 3

つどーむ ▶ 札幌車站 ▶ 大通公園 ▶ 薄野&狸小路

景點	交通方式	停留時間
つどーむ會場	以大通站出發為例─ 搭乘地鐵至榮町站（13分/290円）▶ 步行約15分（雪祭期間有接駁巴士運行）	3 小時
札幌車站	搭乘地鐵至札幌站（11分/250円）	1.5～2 小時
大通會場	搭乘地鐵至大通站（5分/200円）或經由站前地下通道步行約15分	2 小時
薄野會場 &狸小路	步行5～10分	1.5～2 小時

交通費＝地鐵740円（週末可利用ドニチカキップ520円）

- 推薦用餐地點：午餐│札幌車站；晚餐│薄野及狸小路周邊

札幌雪祭

　　札幌雪祭自1950年開始舉辦至今，不但是北海道冬季最著名的祭典，更是聞名國際的活動，在短短一週的時間內，聚集了來自世界各地的遊客，是札幌一年之中最寒冷、也最熱鬧的時刻。札幌雪祭分為つどーむ、大通公園、薄野三個會場，以展出大型雪像為主的大通公園最受歡迎，是人潮的匯集地；薄野會場以晶瑩剔透的冰雕作品為主，つどーむ會場則設置了各種雪地遊樂設施，三大會場各具特色。

大通公園是札幌雪祭的主要會場

親子同樂也是札幌雪祭的重點之一

つどーむ會場

　　札幌雪祭期間的大型遊樂場，TSUDOME 會場有雪做成的溜滑梯，以及各式各樣的戶外活動設施，也有室內的休息區可以用餐，非常適合帶小朋友來玩上一整天。

大通會場

　　位於札幌市中心的大通公園，是札幌雪祭期間最熱鬧的會場，不但有具代表性的大型雪像及各種冰雕作品，而且每一丁目都有自己的特色布置，讓狹長的大通公園展現多種不同的風貌。

薄野會場

　　札幌雪祭期間會在薄野的街道上展出各種冰雕作品，夜間還會搭配燈飾布置，與大通公園的會場距離不遠，順著地下街往薄野方向步行即可。

INFO

札幌雪祭

網址：http://www.snowfes.com/t/index.html
時間：每年 2 月初，為期一週（TSUDOME
　　　會場為兩週）

1 大型的溜滑梯及適合親子同樂的遊戲　2 大通公園展出的雪像讓人目不暇給　3 適合小朋友的免費體驗活動
4 會場有許多熱呼呼的小吃

PART
1

PART
2

PART
3

PART
4

PART
5

PART
6

PART
7

 1-2 薄野會場展出的各種冰雕作品　3 札幌站前地下步行通道　4 札幌地下街

チ・カ・ホ

在札幌市中心有個行人專用的地下空間，寬敞的通道連接札幌車站至大通、薄野，由於不受天候及紅綠燈的影響，可以快速穿過這段街區，是札幌市民經常利用的便利通道。

• 網址：http://www.sapporo-chikamichi.jp/

札幌地下街

地下步行空間在大通公園底下分為向東延伸的 AURORA TOWN 與向南延伸的 POLE TOWN 兩區，長達 400 公尺的通道兩側有許多店舖，天候不佳或是冬天在戶外待太久覺得寒冷時，不妨至地下街稍作休憩，順便逛街購物。

• 網址：http://www.sapporo-chikagai.jp/

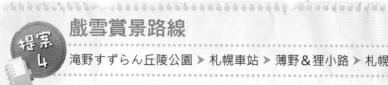

提案 4 戲雪賞景路線

滝野すずらん丘陵公園 ▶ 札幌車站 ▶ 薄野&狸小路 ▶ 札幌電視塔

景點	交通方式	停留時間
滝野すずらん丘陵公園	以大通出發為例— 搭乘地鐵至真駒內站（16 分/290 円）▶ 轉乘巴士〔真 106〕滝野線至すずらん公園東口（32 分/440 円） 亦可從札幌車站搭乘直達巴士〔106〕滝野線（61 分/640 円），但班次較少，請先確認往返時刻表	3 小時
札幌車站	搭乘巴士〔真 106〕滝野線至地鐵真駒內站（32 分/440 円）▶ 轉乘地鐵至札幌站（18 分/290 円）	1.5 ~ 2 小時
薄野&狸小路	搭乘地鐵至大通站（5 分/200 円）▶ 步行約 5 分 或經由站前地下通道步行約 15 ~ 20 分	1 小時
札幌電視塔	由狸小路步行前往約 5 ~ 10 分	1.5 ~ 2 小時

交通費＝地鐵 780 円（週末可利用ドニチカキップ 520 円）＋巴士 880 円＝ 1,660 円（1,300 円）

• 推薦用餐地點：午餐｜札幌車站；晚餐｜薄野及狸小路周邊

滝野すずらん丘陵公園

　　位於札幌近郊的滝野鈴蘭丘陵公園，夏季適合賞花、野餐及親子戶外活動，是札幌市民假日遊憩的好去處；不過對於遊客而言，交通轉乘需花費較多的時間，並不算是熱門景點。冬季從 12 月底 ~ 3 月的期間可免費入園，園區內有小型的滑雪場並提供雪地遊樂設施，在此租借雪衣、雪具的價格比一般滑雪場便宜不少，是小朋友或初學者最佳的滑雪地點；即使不滑雪，公園也是個大型的雪地遊樂場，對於不常見到雪的臺灣人來說，就算是大人也可以玩得十分盡興。

冬季可免費入園

PART 1
PART 2
PART 3
PART 4
PART 5
PART 6
PART 7

| 1 適合初學者的小型滑雪場　2 小朋友的滑雪課程　3 園區內的超大型雪地溜滑梯　4 從溜滑梯的高點可眺望公園景觀

INFO

滝野すずらん丘陵公園

網址：http://www.takinopark.com/

開放時間：4 月 20 日 ~ 5 月 31 日、9 月 1 日 ~ 11 月 10 日，9:00 ~ 17:00 | 6 月 1 日 ~ 8 月 31 日，
9:00 ~ 18:00 | 12 月 23 日 ~ 3 月 31 日，9:00 ~ 16:00

門票：成人 410 円，孩童 80 円，小學生以下免費 (12 月 23 日 ~ 3 月 31 日免費)

薄野

　　在札幌市區南 4 ~ 南 6 条、西 2 ~ 西 6 丁目之間有許多居酒屋，及燒肉、螃蟹、拉麵、壽司等美食店家，晚上來此用餐可以感受到熱鬧的夜生活氣氛，不過這裡也是札幌著名的紅燈區，夜間盡量避免在小巷弄行動較為安全。行程規劃可結合南 3 条的狸小路商店街，一路從地鐵大通站逛至狸小路，再至薄野用餐，或是直接搭乘地鐵至薄野站，先用餐再逛回狸小路。

• 營業時間：中午至 21:00 ~ 22:00 或傍晚至深夜 24:00 ~ 凌晨 3:00 (依店家而異)

1 湯咖哩名店 GARAKU　2 源起於札幌的獨創美食－湯咖哩
3 薄野是札幌夜生活最熱鬧的區域

GARAKU

　　湯咖哩是源起於札幌的獨創美食料理，不同於一般咖哩較為濃稠，湯咖哩更強調湯的鮮度以及保留蔬菜原味。店家以雞骨、豬大骨為主要基底，再加上海鮮熬煮出特有的湯底；食材通常是帶骨的雞腿、豬肉、海鮮或是大量蔬菜。GARAKU 是札幌最有人氣的湯咖哩名店，每到用餐時間人潮總是絡繹不絕，想嚐鮮務必提早前往。

INFO

スープカレー GARAKU

網址：http://www.s-garaku.com/
地址：札幌市中央区南 2 条西 2 丁目 6-1（近札幌市電薄野站）
營業時間：平日 11:30 ~ 15:30，17:00 ~ 23:30 ┃假日 11:30 ~ 22:00
消費：1,100 ~ 1,300 円/人

串鳥

　　北海道著名的串燒店，在札幌市區到處都設有分店，薄野周邊也常見到串鳥的招牌，屬於平價的燒烤，每串 130 円起，香味十足的串燒配上冰涼的汽水或啤酒，簡單就能體驗日本的居酒屋文化。

薄野＆狸小路	地址	營業時間
本店	札幌市中央区南 4 条西 3 丁目 3（ススキノ大樓 B2F，地鐵薄野站直通）	15:30 ~ 24:00
南四条店	札幌市中央区南 4 条西 3 丁目（八の字大樓 B1F）	17:30 ~ 凌晨 2:00
中央店	札幌市中央区南 3 条西 2 丁目	16:30 ~ 凌晨 00:30
南二条店	札幌市中央区南 2 条西 5 丁目（メゾン本府 1F）	11:00 ~ 14:00、16:30 ~ 凌晨 00:30

INFO

串鳥

網址：https://kushidori.com/
消費：1,000 ~ 3,000 円/人
公休日：12 月 31 日

だるま

成吉思汗烤羊肉
與味噌拉麵、湯咖哩
並稱為札幌三大特色
美食，達摩是札幌超
過 60 年歷史的成吉思
汗烤肉名店，把羊肉、
大蒜、洋蔥、蔬菜等
食材放在鐵盤上邊烤

邊吃，新鮮的羊肉根本吃不出腥味，沾上特製的調味
料，味道極其鮮美，非常適合搭配啤酒一起享用。

INFO

成吉思汗だるま本店

網址：http://best.miru-kuru.com/daruma/
地址：札幌市中央区南五条西 4 クリスタル大樓 1F
營業時間：17:00 ~ 凌晨 3:00
公休日：12 月 31 日~ 1 月 1 日
消費：1,000 ~ 2,000 円/人

狸小路商店街

　　狸小路是位於札幌市區南 3 条的商店街，範圍從西 1 ～西 7 丁目，許多熱門的伴手禮都可以在這裡找到；來到札幌要買藥妝，這裡的東西最多、最齊全，店家經常會有不定期的各種特賣活動，如果沒有太多時間逛街，來一趟狸小路除了可以一次買齊之外，運氣好還可以撿到不少便宜。行程規劃上要留意店家的營業時間，狸小路的商家多數營業至 21:00 ～ 22:00，不過也有少部分商店 20:00 就打烊，建議提早用餐避開人潮，然後再盡情逛街。狸小路及薄野有許多餐廳都營業至深夜，但是晚上的用餐人潮通常較多，如果不介意可能需要排隊等待，也可以考慮先逛街再用餐。

每年 7 月狸小路舉辦狸祭時才會出現的狸貓本尊

INFO

狸小路商店街

網址：http://www.tanukikoji.or.jp/
營業時間：10:00 ～ 11:00 至 20:00 ～ 22:00（依店家
　　　　　而異）

逛藥妝店是造訪狸小路最重要的活動

びっくりドンキー

　　日本相當知名的漢堡排專賣店，在全日本都可以見到的連鎖餐廳；既然在日本各地都有，為何獨要挑狸小路的分店呢？薄野及狸小路周邊的美食非常多，但用餐時間經常都是大排長龍，加上成人喜好的口味不見得適合小朋友，即便是一碗簡單的拉麵，味道都比臺灣料理濃郁許多，有可能不合小朋友胃口。親子同行到びっくりドンキー用餐，既能嚐到小朋友喜愛、臺灣少有的美味漢堡排，即使是用餐時間也不需要等待太久，是值得推薦的好選擇。

INFO

びっくりドンキー狸小路店

網址：https://www.bikkuri-donkey.com/
地址：札幌市中央区南 3 条西 3 丁目 11 キクヤメッセ大樓 2F
營業時間：10:00 ~ 22:30（LO 22:00）

螃蟹料理專門店

　　到北海道旅行不能少的行程就是要大啖海鮮一番，甚至有許多人完全就是衝著北海道三大蟹而來，但是要吃一頓帝王蟹大餐，高貴的價格不免讓人卻步，像這類型的高價位餐點，不妨留意平日中午是否有商業午餐的方案，除了價格較便宜之外，又可以避開人潮節省時間，對於旅客來說是 CP 值極高的選擇。在札幌市區的薄野周邊有許多螃蟹料理專門店，介紹其中兩間推出商業午餐的店家。

原味漢堡排

冰雪の門

　　自 1964 年就創業的螃蟹料理專門店，是札幌著名的老店，除了食材講究之外，店內的裝潢、擺設、服務都充滿濃厚的日式氛圍，精緻的餐點也讓人感受到注重細節的日式料理精神，來此用餐有如品嚐頂級日式料理的感覺。

INFO

冰雪の門

網址：http://www.hyousetsu.co.jp.t.em.hp.transer.com/course/
地址：札幌市中央区南 5 条西 2 丁目
營業時間：11:00 ～ 23:00（平日 15:00 ～ 16:30 休息，商業午餐至 14:00）
價位：商業午餐 2,000 ～ 4,800 円｜一般套餐 5,500 ～ 16,500 円

PART 1
PART 2
PART 3
PART 4
PART 5
PART 6
PART 7

難陀

　　札幌著名的海鮮燒烤店，採限時食べ放題，雖然店內的食材種類非常多，但是對於饕客來說最主要的目標應該都是北海道三大蟹，可以豪邁的大快朵頤一番，實在是非常痛快，價格也十分划算，需網路預約訂位。

INFO

難陀
網址：http://g-nanda.com/
地址：札幌市中央区南 5 条西 2 丁目サイバーシティ大樓 B2F（地鐵東豊線豊水すすきの站 4 號出口歩行 1 分）
營業時間：午餐 11:00 ～ 16:00，最終入店 15:00｜晚餐 16:00 ～ 22:00，最終入店 20:30
公休日：12 月 31 日～ 1 月 1 日
午餐（限時 70 分）：成人 3,700 円，孩童 2,400 円，幼兒 1,000 円
晚餐（限時 100 分）：成人 4,730 円，孩童 2,970 円，幼兒 1,160 円
食べ・飲み放題：午餐 4,700 円｜晚餐 5,930 円

1 選擇平日的中午時段可以避開人潮　2 各類食材都是無限量供應　3 饕客鎖定的目標　4 每桌都有一個燒烤爐

親子同樂遊

　　在札幌親子遊的部分提供以下四種組合建議，行程的安排是上午以戶外活動為主，讓小朋友可以盡情的消耗體力；中午過後到札幌啤酒博物館及附設有兒童遊戲區的 Ario 參觀、購物，年紀較小的幼童可以休息一下，年紀稍大的孩童則在遊戲區活動，或是和父母一起逛街購物、挑選玩具；晚上回到札幌市區，逛逛狸小路採買藥妝，然後至大通公園的札幌電視塔觀賞夜景，如果小朋友已經累了就可以分別行動，爸爸或媽媽先陪小朋友回飯店休息，其他人則繼續行程。

　　若是上午的戶外行程玩得還不夠盡興，也可以將停留時間拉長一點，再斟酌下午是否要去札幌啤酒博物館及 Ario 購物；亦可在天黑前提早帶小朋友到大通公園逛逛，或是直接到狸小路逛街，最後再登上電視塔欣賞夜景；小朋友下午想回飯店睡個午覺，也可以選擇分別活動、傍晚再會合，是隨時可依需求及實際狀況調整的行程。

提案 5

親子共遊路線

開放選項 ▶ 札幌啤酒博物館 & Ario ▶ 狸小路 ▶ 札幌電視塔
選項 1 | 白色戀人公園 ▶ 円山公園・北海道神宮
選項 2 | 北海道開拓村　　選項 3 | 円山動物園
選項 4 | 滝野すずらん丘陵公園

景點	交通方式	停留時間
白色戀人公園	以大通出發為例— 搭乘地鐵至宮の沢站（16 分/290 円）▶ 步行 7 分	1 小時
円山公園・北海道神宮	搭乘地鐵至円山公園站（11 分/250 円）▶ 步行 5 分	1 ～ 2 小時
北海道開拓村	以大通出發為例— 搭乘地鐵至新札幌站（19 分/320 円）▶ 轉乘巴士〔新 22〕開拓の村線（15 分/210 円）	2 ～ 3 小時
円山動物園	以大通出發為例— 搭乘地鐵至円山公園站（5 分/200 円）▶ 轉乘巴士〔円 15〕動物園線至動物園前（9 分/210 円）	2 ～ 3 小時

景點	交通方式	停留時間
滝野すずらん丘陵公園（冬季）	以大通出發為例— 搭乘地鐵至真駒內站（16分/290円）➤轉乘巴士〔真106〕滝野線至すずらん公園東口（32分/440円） 亦可從札幌車站搭乘直達巴士〔106〕滝野線（61分/640円），但班次較少，請先確認往返時刻表	2～3小時
札幌啤酒博物館&Ario	從地鐵札幌站北口轉乘巴士〔188〕サッポロビール園・アリオ線（7分/210円）	2小時
狸小路	搭乘巴士〔環88〕ビール園・ファクトリー線至大通公園站（13分/210円）➤步行7分	1.5小時
札幌電視塔	步行5～15分	1小時

交通費用：
組合1｜地鐵790円（週末利用ドニチカキップ520円）+巴士420円=1,210円（940円）
組合2｜地鐵640円（週末利用ドニチカキップ520円）+巴士840円=1,480円（1,360円）
組合3｜地鐵450円+巴士840円=1,290円
組合4｜地鐵580円（週末利用ドニチカキップ520円）+巴士1,300円=1,880円（1,820円）

• 建議用餐地點：午餐｜Ario；晚餐｜狸小路周邊

　　北海道開拓村、円山動物園及滝野鈴蘭丘陵公園距離市中心較遠，且園區較大、停留時間可能較長，不妨直接在園內用餐；如果擔心園內的簡餐不合胃口，可以事先至超市購買飯糰之類的簡單餐點，在動物園及公園內有室內的休息區，許多日本人也會自備便當或飯糰帶孩子來此郊遊。

白色戀人公園

　　在北海道隨處可以見到的名產「白色戀人」，就算沒到過北海道的人也一定知道，白色戀人公園即為這種巧克力餅乾的製作工廠，外觀看起來像是一座城堡，歐式的建築及庭園，到處都是拍照留念的好選擇。遊客可以參觀園內的製作工廠，也有體驗工房可動手製作屬於自己的白色戀人，還有能夠品嚐歐式甜點的咖啡店及巧克力、紀念品販賣店，是個親子同樂享受悠閒時光的好地方。

INFO

白色戀人公園

網址：http://www.shiroikoibitopark.jp/
　　　taiwan/
開放時間：9:00 ～ 18:00
參觀工廠：成人 600 円，學生 200 円，
　　　　　3 歲以下免費

円山動物園

　　円山動物園自 1951 年開園至今，是歷史悠久的動物園，位於距離札幌市中心不遠的円山山麓，是當地居民假日休閒的好去處。來到北海道的動物園，可以一睹寒帶動物的風采，像是狼、海豹、小貓熊、北極熊這些臺灣不常見到的動物，光是看到牠們在雪地裡神采奕奕的模樣就值回票價了。

INFO

円山動物園

網址：https://www.city.sapporo.jp/zoo/
　　　index.html
開放時間：3 ～ 10 月，9:30 ～
　　　　　16:30 | 11 ～ 2 月，9:30 ～
　　　　　16:00
休園日：每月第 2、4 個週三 | 4 月第
　　　　3 週、11 月第 2 週的週一～
　　　　五 | 12 月 29 ～ 31 日
門票：成人 600 円，國中生以下免費

白色戀人公園

神采奕奕的北極熊

PART 1
PART 2
PART 3
PART 4
PART 5
PART 6
PART 7

札幌啤酒博物館

　　札幌啤酒博物館建於明治 22 年（1889 年），館內有札幌啤酒的釀製過程及歷史介紹，另外還可以試飲新鮮釀造的啤酒（須付費），雖然文字說明可能無法瞭解，但是有許多小模型及大型釀酒器具的展示，適合年紀稍大的小朋友（小學生）。

INFO

札幌啤酒博物館

網址：http://www.sapporobeer.jp/
　　　brewery/s_museum/
開放時間：11:30 ～ 20:00
休館日：12 月 31 日～ 1 月 1 日

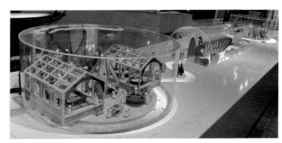

利用模型介紹札幌啤酒的釀製過程生動有趣

| 1-2 Ario 附設有兒童遊戲區　3 Ario 卡通人物造型的購物推車讓小朋友愛不釋手　4-5 另類嬰兒車

Ario

　　上午的戶外行程充分活動消耗體力之後，推薦位在札幌啤酒博物館旁的 Ario 作為親子遊的中繼站，這裡有知名的嬰幼兒用品連鎖店「アカチャンホンポ」，各類嬰幼兒用品、服飾、鞋子、玩具都可以在此一次買齊。除此之外，還有日本國民品牌 UNIQLO、大型超市 Ito Yokado 可盡情購物，也有美食廣場、餐廳、咖啡店可以用餐或下午茶，加上附設有兒童遊戲區，家長更是輕鬆自在。

INFO

Ario 札幌

網址：http://www.ario-sapporo.jp/web/tw/

營業時間：10:00 ~ 21:00｜餐廳
11:00 ~ 22:00｜超市
9:00 ~ 22:00

另類嬰兒車

　　冬季北海道的路面常有積雪，一般的嬰兒車幾乎完全無法使用，有嬰幼兒同行的旅客只能以背巾為主移動，可以說是相當地不方便。在此推薦一個當地人用來替代嬰兒車的實用好物——小型滑雪板，北海道一般家庭在冬季普遍拿它當作購物推車使用，在雪地搬動重物非常好用，超市、百貨賣場都有販售，便宜的幾百円就能買到，是個十分便利的工具，到北海道旅行不妨買一個來使用，帶回臺灣也可以作為滑草板。

逛街購物樂

PART 1
PART 2
PART 3
PART 4
PART 5
PART 6
PART 7

提案 6　商圈散策路線

開放選項 ➤ 札幌車站 ➤ 三井 Outlet Park ➤ 狸小路＆薄野

選項 1｜北海道大學　選項 2｜大通公園

景點	交通方式	停留時間
北海道大學	從札幌車站北口步行約 10 分	1 小時
札幌車站	步行約 10 分	2～3 小時
三井 Outlet Park	札幌車站前東急百貨南側出口搭乘直達巴士〔100〕三井アウトレットパーク線（50 分/310 円）	3 小時
	搭乘地鐵至福住站（13 分/250 円）➤ 轉乘巴士〔福 95〕美しが丘線至三井アウトレットパーク站（23 分/280 円）	
狸小路＆薄野	搭乘巴士〔100〕三井アウトレットパーク線至南 4 条（近薄野）或南 1 条（近狸小路）（50 分/310 円）	1.5 小時
交通費＝巴士 620 円		

• 推薦用餐地點：午餐｜三井 Outlet Park 美食廣場；晚餐｜狸小路及薄野周邊

北海道大學

　　北海道大學的前身是札幌農學校，北海道開拓時期在農業及各個領域都扮演著重要角色，首任校長克拉克博士曾對師生說：「青年們，要胸懷大志」，這句話成為北海道大學流傳至今的校訓。北海道大學校園廣闊，主要的景點是克拉克博士銅像、白楊行道樹、北海道大學綜合博物館，秋季（10 月下旬左右）造訪北海道大學一定不能錯過校園內的銀杏大道及紅葉美景。

• 網址：https://www.hokudai.ac.jp/cn/index.htm

北海道大學的白楊行道樹

1 冬季的北海道大學
2 夏季的北海道大學
3 北海道大學校園內的銀杏大道
4 北海道大學綜合博物館

PART 1
PART 2
PART 3
PART 4
PART 5
PART 6
PART 7

懷舊港都行

小樽一日遊路線

提案 7

北海道廳舊本廳社＆大通公園 ▶ 三角市場 ▶ 手宮線鐵道舊址 ▶
小樽堺町 ▶ 小樽運河 ▶ 札幌市區

景點	交通方式	停留時間
北海道廳舊本廳社	從札幌車站南口或大通站步行約 10 分	30 分
大通公園	步行約 10 分	1 小時
三角市場	搭乘地鐵至札幌站（2 分/200 円）或步行約 15 分 ▶ 轉乘 JR 至小樽站（45 分/640 円）▶ 步行約 1 分	15 分
手宮線鐵道舊址	往小樽運河方向步行約 7 分	10 分
小樽堺町	步行約 5 分	3 小時
小樽運河	步行約 10 分	1 小時
札幌市區	步行至小樽市區的飯店或搭乘 JR 返回札幌市區（45 分/640 円）	

交通費 = JR 640 円（若返回札幌市區投宿則為 1,280 円）

• 建議用餐地點：午餐｜三角市場；晚餐｜小樽運河及壽司街周邊

　　中午不妨在札幌車站購買飯糰或便當簡單充飢，下午再至小樽堺町大啖美食，或是選擇在小樽車站旁的三角市場品嚐海鮮丼飯。

　　如果只有半天的時間，因為堺町的營業時間較早結束（約 17:30 ~ 18:00），建議搭乘 JR 至南小樽站（42 分/640 円），先至堺町（步行約 5 分）逛街、享用下午茶，晚上再到小樽運河附近晚餐、欣賞夜景，即為悠閒又經典的小樽半日遊行程。

札幌市區 ▶ JR 南小樽站 ▶ 小樽堺町 ▶ 小樽運河

北海道廳舊本廳舍

　　北海道廳舊本廳舍是過去的北海道行政廳，明治 21 年（1888 年）竣工，屬新巴洛克風格的紅磚建築，因此又被稱為「紅磚館」，現為日本的國家重要文化財，館內展示北海道開拓時代的歷史文件及北方四島的相關史料，開放一般民眾免費參觀。

INFO

北海道庁旧本庁舎（赤れんが庁舎）

網址：http://www.pref.hokkaido.lg.jp/sm/sum/sk/akarenga.htm
開放時間：8:45 ～ 18:00
休館日：12 月 29 日～ 1 月 3 日

三角市場

　　位於 JR 小樽站旁，是小樽知名的海鮮市場，雖然規模不如札幌的二条市場及函館朝市，只需一會兒功夫就可以逛完，但也因為人潮較少、店家為了促銷，有機會買到特價商品，且就在小樽站旁交通方便，如果逛過其他朝市、稍微瞭解市場行情，不妨到這裡尋寶。另外，行程到這裡也差不多是中午時分了，可以稍作休息、品嚐一下新鮮的海鮮丼飯。

INFO

三角市場

網址：http://otaru-sankaku.com/original.html
營業時間：6:00 ～ 18:00，依店家而異

手宮線鐵道舊址

　　手宮線是北海道最古老的一段鐵道，於 1985 年廢止運行後，保留了手宮至南小樽之間的部分鐵道，現今成為小樽市民的休憩場所，可自由在鐵道上漫步，也是每年 2 月小樽雪祭「雪燈之路」的主要會場之一，鐵道映襯著白雪和燈光，景色唯美浪漫。

INFO

雪燈之路

網址：http://yukiakarinomichi.org/

1 冬季的北海道廳舊本廳舍
2 夏季的北海道廳舊本廳舍
3-4 三角市場
5 手宮線鐵道舊址

PART
1

PART
2

PART
3

PART
4

PART
5

PART
6

PART
7

小樽堺町

　　以童話十字街（メルヘン交差点）為起點至小樽運河的這段街道，是小樽市區最熱鬧的堺町商店街，整條路上都是相當著名的美食、紀念品、伴手禮商家，來此不僅能逛街購物、品嚐小吃，更有許多特色建築可以拍照，延伸近 1 公里的商店街，認真逛一趟也要花上大半天，由於店家的營業時間較早結束，安排行程時要留意別太晚到達堺町。

　　堺町的美食、小吃超多，最為人熟知的是這裡聚集了許多北海道洋菓子名店，但不是只有甜食而已，想吃鹹食也有かま栄的魚漿製品及なると屋的炸雞可以選擇，或是到物產店品嚐當地的玉米及哈密瓜、現炸海鮮、北海道鮮奶製作的濃郁霜淇淋；到這裡逛街前一餐別吃太飽，否則無法大快朵頤實在太可惜。

1 位在童話十字街的 LeTAO 本店
2 小樽音樂盒堂本館
3 堺町著名地標－常夜燈
4 かま栄的魚板、炸物都非常好吃

1-3 出拔小路上的炸雞名店なると屋　4-5 堺町的商家冬季會製作雪人充當自家商品的代言人
6 北一硝子的人氣六色冰淇淋

なると	炸半雞（若鶏半身揚げ）、炸雞塊（ざんぎ）
かま	炸魚漿麵包卷（パンロール）
LeTAO	雙層乳酪蛋糕（ドゥーブルフロマージュ）
北一硝子	六色冰淇淋
北菓樓	夢不思議泡芙（北の夢ドーム）

　　除了美食之外，堺町的特色紀念品有北一硝子的玻璃製品及小樽音樂盒堂（小樽オルゴール堂）的精緻音樂盒等，雖然這類商品在別的地方也能見到，但這裡的選擇真的是琳瑯滿目、讓人目不暇給，還有其他許多店家的特色小物，喜歡尋寶的人一定會有所收穫。

　　在堺町可以買到的伴手禮在其他地方也都能找到，不見得非要在這裡購買不可，行程中挑選一家特產店一次買齊、統一辦理退稅即可，比較值得推薦的是北菓樓，由於其產品極少出現在提供退稅服務的物產店，若有需要不妨在此購買。

PART 1
PART 2
PART 3
PART 4
PART 5
PART 6
PART 7

1-2 北海道人氣伴手禮名店北菓樓　3 北菓樓每日限量的大泡芙經常到下午就已售完
4-5 LeTAO 的雙層乳酪蛋糕、乳酪蛋糕捲　6-7 現點現烤的海鮮，當場就可以大啖美食

1 北一硝子在堺町開設了許多分館　2 北海道哈密瓜
3 小樽堺町

INFO

小樽堺町通商店街

網址：http://otaru-sakaimachi.com/
營業時間：夏季 9:00 ～ 18:00，冬季 9:00 ～
　　　　　17:30，依店家而異

和樂迴轉壽司

　　壽司是日本最具代表性的美食，在漁產豐富的北海道一定不能錯過，但師傅的手藝及食材的差異，讓壽司店的價位有很大的差距，高檔的壽司店每個人的消費預算在 10,000 円以上，中等價位也要 5,000 ～ 10,000 円左右。迴轉壽司最大的魅力就在於可以便宜的價格吃到當令的新鮮食材，對於外國人來說也不必擔心點餐溝通的問題，看到喜好的餐點自行取用即可。小樽的「和樂」是用餐時間一定要排隊的迴轉壽司名店，讀者不妨前往嚐鮮一番。

INFO
和楽小樽店
網址：http://www.waraku1.jp/shop/05/
地址：小樽市堺町 3-1（從小樽運河步行
　　　約 3 分）
營業時間：11:00 ~ 22:00（LO 21:30）
消費：1,000 ~ 3,000 円

小樽運河

　　建於日本大正年間（1914 年）的小樽運河，見證了小樽作為北海道金融中心的黃金時期，隨著時代變遷，小樽運河現已成為著名的觀光勝地。排列在運河旁的紅磚倉庫櫛比鱗次，形成了一幅獨特的美麗景致，夜間河面映著水岸邊的煤油路燈倒影，波光粼粼更是讓人心醉神迷。

　　小樽幾個著名的祭典，像是每年 2 月的雪燈之路、還有 7 月底的潮祭及花火大會，都是以運河周邊為主要的活動會場，這裡一年四季都是遊客造訪的熱門景點。白天及夜晚的小樽運河各有特色，都非常值得一看，建議下午前來先逛逛運河廣場（Unga Plaza），晚上用餐後再漫步河岸一回，可以感受到完全不同的氛圍。

- 運河廣場營業時間：9:00 ~ 18:00（7 ~ 8 月營業至 19:00）
- 煤油路燈點燈時間：傍晚至 24:00（倉庫群點燈時間為傍晚至 22:30）

小樽運河

小樽運河

小樽親子遊

小樽也是一個很適合親子同遊的城市，堺町的童話風格散發著迷人魅力，除了帶有異國風情的建築之外，許多店家的特色布置也讓人不由自主想停下腳步、拍照留念；冬季大部分商家都會在店門口堆起雪人或創作雪雕，整條商店街洋溢著活潑朝氣，洋菓子店的糕餅、巧克力，物產店的北海道甜玉米、哈密瓜都是小朋友的最愛。

在行程安排上不妨多加一個小朋友會喜歡的景點，上午先到小樽水族館，可以看企鵝、海豚和海獅的表演，下午再到堺町逛街；只是動物表演的時間都集中在 11:00 ~ 14:00，從水族館搭乘巴士至小樽中央巴士總站車程大約要 30 分，而堺町的店家 17:00 ~ 18:00 就打烊了，因此行程會比較匆促，建議夏天前往會比較合適。

小樽水族館

北海道具代表性的大型水族館，有許多寒帶地區才能見到的魚類及動物，也有可愛的動物表演，像是企鵝、海豹、海獅等，特定期間還有最受歡迎的企鵝遠足活動，可以近距離看到企鵝從身邊走過。

INFO

小樽水族館
網址：http://otaru-aq.jp/
開放時間：3 月中 ~ 10 月中，9:00 ~ 17:00（7 月中 ~ 8 月初的週末延長至 20:00）| 10 月中 ~ 11 月底，9:00 ~ 16:00 | 12 月中 ~ 2 月底，10:00 ~ 16:00
休館日：2 月底 ~ 3 月中、11 月底 ~ 2 月中
門票：3 月中 ~ 11 月底 | 成人 1,400 円，學生 530 円，孩童 210 円；12 月中 ~ 2 月底 | 成人 1,000 円，學生 400 円，孩童 200 円

遊遍
北海道

浪漫花海之旅

和冬季的旅遊人潮多集中在 1 月底～3 月初相比，夏季的北海道氣候宜人、百花盛開，綠油油的大地以及清新的空氣，萬物顯得生氣蓬勃，從 6 月～9 月都是適合到訪的時節；尤其是 7～8 月的薰衣草花期，更是最受歡迎的旅遊旺季，許多人對北海道的印象就是滿開的薰衣草，其受矚目的程度可見一斑。

 提案 8　自駕兜風路線

夏季造訪美瑛、富良野地區，不妨以自駕的方式悠遊各個景點，除了路況佳、簡單就能上手之外，不必煩惱交通問題也讓行程更具彈性、時間更為充裕；沿途百花爭艷的旖旎景致、清新自然的田園風光，讓開車兜風本身就是一件非常幸福的事。

Day 1

Day 2

- 交通費 = 租車 15,000 円（依車型而定，每日約 5,000～10,000 円）+ 油資 5,000 円 = 20,000 円
- 建議用餐地點：整體來說，美瑛市區即使在最熱鬧的車站附近餐館也不多，路過簡餐店不妨順道用餐；富良野車站周邊倒是有幾間不錯的餐廳，可以品嚐到產地直送的新鮮蔬菜。

134

拼布之路｜全景之路

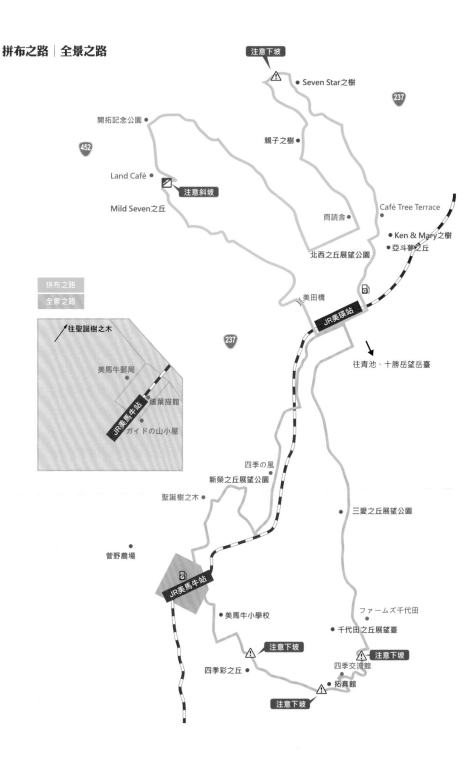

注意下坡

⚠ ● Seven Star之樹

237

開拓記念公園 ●

452

親子之樹 ●

Land Café ● 🚫 注意斜坡

Mild Seven之丘

雨讀舍 ●

Café Tree Terrace

● Ken & Mary之樹

● 亞斗夢之丘

北西之丘展望公園

美田橋

JR美瑛站 🅖

237

往青池、十勝岳望岳臺

拼布之路
全景之路

往聖誕樹之木

美馬牛郵局

繪葉描館

JR美馬牛站

ガイドの山小屋

四季の風

新榮之丘展望公園

聖誕樹之木 ●

三愛之丘展望公園

菅野農場 ●

JR美馬牛站 🅖

美馬牛小學校 ●

ファームズ千代田

千代田之丘展望臺 ●

注意下坡 ⚠

⚠ 注意下坡

四季交流館

四季彩之丘 ●

⚠ ● 拓真館

注意下坡 ⚠

PART
1

PART
2

PART
3

PART
4

PART
5

PART
6

PART
7

拼布之路

位於 JR 美瑛站附近的起伏丘陵地，大片平坦田園是美瑛的典型風景，觀光導覽或旅遊手冊上的照片皆在此取景；這裡有多棵著名的樹木，是許多日本廣告的拍攝地點，像是親子之樹、Ken & Mary 之樹、Seven Star 之樹。若是車上沒有導航系統，建議將這些景點當作規劃路線的參考

即可，不一定非要到樹下拍照不可，以免迷失在田間小路；遊拼布之路的重點在欣賞沿途的田園風光，相似的景色在這裡隨處可見，不必執著於每個景點都要停留。

拼布之路 （パッチワーク - クの路）	距離	車程	
		汽車	電動自行車
JR 美瑛站	2.1 km	6 分	20 分
亞斗夢の丘 （ぜるぶの丘）	1.5 km	4 分	25 分
Ken & Mary 之樹 （ケンとメリーの木）	3.7 km	12 分	30 分
Seven Star 之樹 （セブンスターの木）	1.3 km	6 分	15 分
親子の木	2 km	6 分	25 分
北西の丘展望公園	3.2 km	8 分	30 分
Mild Seven 之丘 （マイルドセブンの丘）	5 km	10 分	40 分
JR 美瑛站			

亞斗夢之丘

這個地名是由微風（かぜ）、香氣（かおる）、遊玩（あそぶ）的字尾拼湊而成，相當符合這一大片花田的氛圍，花季期間（5 ～ 10 月）園區開放自由參觀，在山麓仰望或從山丘上俯視各有韻味，全景展望台（パノラマ展望台）還可遠眺綿延的十勝岳連峰。

INFO

亞斗夢の丘

網址：http://biei.selfip.com/
開放時間：6 ~ 10 月，8:30 ~ 17:00 | 11 ~ 5 月，
　　　　　10:00 ~ 16:00（週二休）

Ken & Mary 之樹

　　日本汽車廣告的取景地點，名稱來自廣告中的男、女主角 Ken 和 Mary，高大的白楊樹豎立在大片平坦田園之中，呈現一種衝突美感。

Seven Star 之樹

　　出現在日本香菸品牌 Seven Star 的紀念版包裝盒上而聲名大噪的柏樹，一躍成為美瑛拼布之路上的代表性景點。

親子之樹

　　二大一小的柏樹豎立在丘陵上，就像爸爸、媽媽帶著孩子一般，最佳的觀賞角度不是在樹下，而是越過草原、以藍天為背景所勾勒出的溫馨畫面。

北西之丘展望公園

　　北西之丘展望公園占地廣闊，面積約 5 公頃的公園位於美瑛西北方的丘陵地，整個拼布之路的田園風光景一覽無遺，白色金字塔造型的展望臺可遠眺大雪山及美瑛市區，亦可 360 度遍覽全景之路的美景；此處是拼布之路上唯一有攤販和商店聚集的地方，當然也有洗手間，可作為旅途中的休息站。

1 亞斗夢之丘　2 Ken & Mary 之樹　3 親子之樹
4 Seven Star 之樹

北西之丘展望公園

Mild Seven 之丘

Mild Seven 之丘

位於田間小路上的景點，因日本香菸品牌 Mild Seven 的廣告拍攝而聞名，高聳的落葉松在清澈的藍天下顯得格外美麗，但此處既沒有明顯指標、也無停車場，路過時從車內欣賞即可。

全景之路

位於美瑛東南方的全景之路，沿途高低起伏的丘陵景觀引人入勝，視野較拼布之路更為寬闊，地形起伏也更明顯；東側多為森林，西側是美瑛最具代表性的丘陵地，這裡的景觀多變，是造訪美瑛必遊之地，最推薦的景點是三愛之丘和新榮之丘，四季彩之丘的花海也別錯過。

全景之路 （パノラマロード）	距離	車程	
		汽車	電動自行車
JR 美瑛站			
	4 km	13 分	40 分
新榮の丘展望公園			
	3.7 km	10 分	25 分
美馬牛小学校			
	1.1 km	5 分	15 分
四季彩の丘			
	2.7 km	12 分	30 分
拓真館			
	2 km	10 分	20 分
千代田之丘展望臺 （千代田の丘見晴らし台）			
	2 km	10 分	20 分
三愛の丘展望公園			
	4.7 km	16 分	43 分
JR 美瑛站			

新榮之丘展望公園

　　全景之路上著名的觀景點，有許多攝影迷時常聚集在這裡拍照，特別是日落時分，黃澄澄的夕陽搭配廣闊的田野，令人心曠神怡。

美馬牛小學校

　　位在田園間的小學，三角尖頂造形的塔樓近看沒什麼特別，從遠處觀賞搭配夕陽相當美麗，經常出現在各類攝影作品中。

1-3 全景之路
4 新榮之丘展望公園
5 美馬牛小學校

四季彩之丘

　　繽紛美麗的花圃造景位在丘陵的斜坡上，放眼望去整片花海就像是地毯一般，許多美瑛七彩花田的照片都是在這裡所拍攝，是全景之路上一定要到訪的景點，花季大約是5～10月，園內有數十種花卉爭相鬥豔，還有稻草捆綁而成的大滾輪「ロール君」，相當具有人氣。

INFO
四季彩の丘
網址：http://www.shikisainooka.jp/tc/
開放時間：4～5月、10月，9:00～17:00｜6～9月，8:30～18:00｜3月、11月，9:00～16:30｜12～2月，9:00～16:00

拓真館

　　攝影大師前田真三於1971年邂逅美瑛的純樸風景後，透過鏡頭將美瑛的四季晨昏之美展現在大眾眼前，使得原本默默無聞的小鎮在一夕之間成名；拓真館是前田先生設立的個人攝影藝廊，由舊千代田小學校改建而成，館內開放免費參觀，展出為數不少以美瑛寬闊大地為題材的攝影作品，不時還會播放大師的作品影集。

・開放時間：5～10月，9:00～17:00｜
　　　　　　11～4月，10:00～16:00

千代田之丘展望臺

　　位於全景之路南端、距離美瑛市中心約 5 公里的小山丘上，是一座兩層樓高的白色尖頂觀景臺，360度的寬闊視野，可遠眺十勝岳連峰及大雪山，是觀賞美瑛風景的最佳位置之一。另外，展望臺的正前方就是千代田農場，裡面有個ふれあい牧場，可和牛、羊、馬兒等可愛動物近距離互動。

千代田之丘展望臺

三愛之丘展望公園

　　位於全景之路中段的小山丘，是一處被樹叢圍繞的觀景公園，視野寬廣讓人心曠神怡，西南方可見連綿的山丘，東南方可遠眺壯闊的十勝岳；公園內設有洗手間，可作為旅途的休憩站。

三愛之丘展望公園

富良野市區

　　富良野是一個純樸的鄉間小鎮，因地理位置在北海道的正中心而聞名，設有北海道中心標；市區以 JR 富良野站為中心，雖然說是市區，但是對遊客來說並沒有特別值得一逛的地方。建議在車站周邊尋找用餐的地點，時間充裕不妨逛逛富良野市集（FURANO MARCHÉ），然後至北海道中心標拍照留念。

唯我獨尊的香腸蛋包飯

唯我獨尊

　　對自家咖哩引以為傲，用富良野產的蔬菜為基底，再加上獨門的辛香料以及手工製香腸，形成絕妙的搭配，辛辣中又帶些許甘甜，極具深度的風味。

PART
1

PART
2

PART
3

PART
4

PART
5

PART
6

PART
7

INFO

唯我独尊

網址：http://doxon.jp/
地址：富良野市日の出町 11-8（從 JR 富良
　　　野站步行約 5 分）
營業時間：11:00 ～ 21:00（LO 20:30）

唯我獨尊的店面外觀是不起眼的小木屋

笑樂亭

　　店內人氣最高的餐點是富良野有名的
咖哩蛋包飯，當季的新鮮蔬菜配上滑嫩的
蛋包及口味溫和的咖哩，套餐還附在地生
產的鮮奶，一餐吃下滿滿的富良野風味。

INFO

笑樂亭

地址：富良野市幸町 7-21（從 JR 富良野站步
　　　行約 8 分）
營業時間：11:30 ～ 20:00

笑樂亭

笑樂亭的蛋包飯套餐會附上當地生產的鮮奶

FURANO MARCHÉ

　　富良野的大型農產超市，提供當地
的特色物產、伴手禮以及餐飲，推薦在
此喝一瓶富良野當地生產的鮮奶，或是
品嚐北海道特有的濃郁霜淇淋。

INFO

FURANO MARCHÉ（フラノマルシェ）

網址：http://www.furano.ne.jp/marche/
地址：富良野市幸町 8-5（從 JR 富良野站步行
　　　約 8 分）
營業時間：10:00 ～ 19:00
公休日：12 月 31 日

北海道中心標

　　標記北海道地理中心點的石碑，位於東經 142 度 23 分、北緯 43 度 20 分，正式名稱為「北海道中央經緯度觀測標」，就像是北海道的肚臍一般，富良野每年仲夏別開生面的北海肚臍祭即由此誕生。北海道中心標的位置在富良野小學的校園內，平時可自由參觀，如遇學校上課期間，以不打擾師生上課為原則。

• 交通方式：從 JR 富良野站步行約 15 分

INFO

北海へそ祭

網址：http://www.furano.ne.jp/hesomatsuri/
時間：每年 7 月底的週末

位於校園內的北海道中心標

富良野周邊薰衣草園

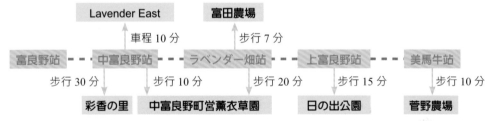

```
                Lavender East            富田農場
                     ↑ 車程 10 分          ↑ 步行 7 分
富良野站 - - - 中富良野站 - - - ラベンダー畑站 - - - 上富良野站 - - - 美馬牛站
     ↓ 步行 30 分    ↓ 步行 10 分    ↓ 步行 20 分    ↓ 步行 15 分    ↓ 步行 10 分
   彩香の里   中富良野町営薰衣草園           日の出公園       菅野農場
```

※ ラベンダー畑站是花季時才會停靠的臨時車站

富田農場

　　富良野薰衣草花田的起源地，是遊客到了富良野一定會造訪的園區，開放免費入園參觀，廣達 12 公頃的土地上除了種植薰衣草之外，還有罌粟花、大波斯菊等超過 100 種的花卉輪流綻放著。每年 7、8 月的薰衣草花季是風景最美的時節，除了百花爭豔的田園之外，這裡的商店也很有看頭，各種造型的乾燥花、香水、枕頭等薰衣草製品，以及供應甜點、咖啡的用餐區，逛累了不妨放慢腳步，在美景及花香中感受北國的悠閒氣息。

INFO

ファーム富田

網址：http://www.farm-tomita.
　　　co.jp/cn/
交通方式：從 JR ラベンダー畑
　　　　站，或從 JR 中富良
　　　　野站步行約 25 分
開放時間：請至官網查詢確認

彩香之里

　　富良野規模較大的觀光薰衣草園,栽植了8種不同的薰衣草,可免費入園參觀。每當薰衣草盛開、特別是7月中下旬,整片山坡被染成深淺紫色,不少人認為此處的景觀更勝富田農場;從山丘上的展望臺可越過大片花田遠望富良野盆地及十勝岳的景致。

INFO
彩香の里
網址:http://www11.plala.or.jp/saikanosato/
交通方式:從JR ラベンダー畑站步行約20分,或從JR中富良野站步行約30分
開放時間:6~9月,8:00~17:00

中富良野町営薰衣草園

　　冬季為町營滑雪場,在滑雪場的斜坡上栽種了大量的薰衣草,夏季可搭乘滑雪用的纜車至山頂上,欣賞整個富良野盆地及十勝岳連峰的景色。

1-2 富田農場　3-4 彩香之里

1-2 中富良野町營薰衣草園　3-4 在富田農場及 Lavender East 皆能品嚐到滋味濃郁的薰衣草霜淇淋

INFO

中富良野町 ラベンダー園

網址：http://www.town.nakafurano.lg.jp/hotnews/detail/00000197.html
交通方式：從 JR 中富良野站步行約 10 分，或從 JR ラベンダー畑站步行約 20 分
開放時間：6 月中～8 月底，9:00 ～ 18:00
纜車往返：成人 300 円，孩童 200 円

Lavender East

　　位於富田農場東邊約 4 公里的上富良野地區，由富田農場所經營，將原本為水田的農地整備為薰衣草田，是日本規模最大的薰衣草田；於 2008 年開張，作為富田農場栽種薰衣草 50 週年的紀念，目前僅在薰衣草花季開放免費參觀，7 月下旬有機會在園區內見到薰衣草的採收。

INFO

ラベンダーイースト

網址：http://www.farm-tomita.co.jp/cn/east/
交通方式：從 JR 中富良野站開車約 10 分
開放時間：7 月，9:00 ～ 16:30

1 日之出公園　2 日之出公園的愛之鐘　3-4 菅野農場

日之出公園

公園位於距離上富良野市區約 2 公里的一處丘陵地，整個山坡上種植了大量的薰衣草及各種花卉，盛開時相當美麗，花季期間常有民眾到此取景拍攝婚紗照；在高處能以360 度的視野欣賞遼闊的美景，十勝岳連峰看似近在眼前。
• 交通方式：從 JR 上富良野站步行約 15 分

菅野農場

位於 JR 美馬牛站附近的農場，除了薰衣草之外，還有 60 種以上的花卉及農作物，因為田地的坡度大，種植在山坡上的花卉看起來更有層次感；農場內亦販售各種花卉相關產品。

INFO

かんのファーム

網址：http://www.kanno-farm.com/
交通方式：從 JR 美馬牛站步行約 10 分，或從 JR 富良野站開車約 30 分
開放時間：6 ~ 10 月，9:00 ~ 日落
門票：免費參觀

如果不打算租車，也可以搭乘 JR 遊富良野，幾個著名的熱門景點都能直接到達；遊美瑛不妨選擇夏季限定的觀光巴士——美遊巴士，第二天則利用富良野 KURURU 號循環巴士規劃一日遊。

Day 1

札幌	**JR 特急** 2 小時 10 分／5,560 円
旭川	**JR 普通** 33 分／540 円

美瑛車站 → **美遊巴士**（夏季運行）→ 美瑛

美瑛車站 → **電動自行車** 10 分 → 拼布之路 → **電動自行車** 50 分 → 全景之路

Day 2

美瑛 → 菅野農場 → **JR ラベンダー畑站** → **步行** 約 7 分 → 富田農場

美馬牛車站 → **步行** 10 分 → 菅野農場 → **JR 中富良野站** → **步行** 約 25 分 → 富田農場

富田農場 → **JR** → 富良野站

富良野站 → **JR 普通轉乘特急** 2 小時／4,140 円 → 札幌

富良野站 → **JR 普通轉乘特急** 6 小時／8,840 円 → 網走

※ ラベンダー畑站是花季時才會停靠的臨時車站

景點	交通方式	停留時間
拼布之路	從 JR 美瑛站搭乘美遊巴士	1.5 ～ 2 小時
	至美馬牛車站租借電動自行車	3 小時
全景之路	從 JR 美瑛站搭乘美遊巴士	2.5 ～ 3 小時
	騎乘電動自行車	4 小時
菅野農場★	從 JR 美馬牛站步行約 10 分	1 小時
富田農場	從 JR ラベンダー畑站步行約 7 分，或從 JR 中富良野站步行約 25 分	1.5 小時
富良野市區	搭乘 JR 至富良野站	1 小時
札幌	搭乘 JR 至札幌站	

交通費＝富良野·美瑛套票 6,500 円 (札幌往返美瑛｜富良野) ＋美遊巴士 2,000 円 ×2｜電動自行車 3,000 円／日

★亦可安排其他的富良野薰衣草園

- 建議用餐地點：富良野車站周邊有幾間不錯的餐廳，可以嚐到當地的新鮮蔬菜；美瑛的餐館多位於鄉間小路，建議事先準備水或飲料，並在車站附近的便利商店買些飯糰和即食品，途中挑個舒適的地方休息、野餐，一旦離開美瑛車站就很難找到便利商店了。

美遊巴士

美瑛地區每年夏季都會推出專為遊客設計的觀光巴士行程，過去為人所熟知的 Twinkle Bus 美瑛號在 2017 年更名為美遊巴士（Biei View Bus），路線大幅調整，並加入近年來相當受遊客喜愛的青池路線，讓行程更貼近遊客理想中的美瑛小旅行，既能輕鬆遊遍主要景點，又不需煩惱交通問題；採事先預約制，可在 JR 車站的綠色窗口購票、辦理預約，共有兩條路線，票價各為 2,000 円，若預約人數額滿則無法報名，務必提早預約並規劃行程備案。

自行車遊美瑛

騎自行車漫遊美瑛一直是熱門的旅遊方式，雖然自由度高，不過美瑛多為丘陵地形，對於平時不常運動的人來說其實還蠻吃力的，不妨選擇較省力的電動自行車，不然可能會累得連欣賞美景的心情都沒有，那就太可惜了。

整日騎自行車可不是鬧著玩的，想要保有行程的自由度，又不想累死自己，採折衷方案半日騎自行車、半日搭乘美遊巴士是個不錯的方法。建議報名美遊巴士的青池（花田·青池）路線，將自行車的行程安排在拼布之路，一方面是青池太遙遠，不適合從美瑛車站騎自行車前往，一方面是拼布之路的路程較短、適合慢遊，這樣的規劃方式是最恰當的，否則就得放棄青池這個景點了。

青池

在天然的森林步道旁，青藍色的池水倒映著樹木的枯枝，充滿神秘幽靜的氣息，原本是人煙稀少的一處秘境，近年來許多遊客不遠千里、只為一睹其風采，已經成為造訪美瑛必遊的景點。由於該處交通不便，若非自行開車實在是不容易前往，不過從 2017 年開始，美瑛的夏季觀光巴士增加了青池路線，讓一般遊客也能夠輕鬆尋幽探秘。

- 交通方式：從 JR 美瑛站開車約 30 分

前往青池的森林步道，有一種通往秘境的感覺

　　如果只有一天的時間，又不想錯過美瑛、富良野最具代表性的景點，不妨報名觀光周遊巴士的行程，北海道中央巴士有許多夏季的觀光巴士路線就是針對美瑛、富良野而設計，從札幌出發一日就能往返，適合時間有限或懶得規劃行程的人參加。

　　以下是由札幌站前巴士總站出發，同時包含美瑛「拼布之路」及富良野「富田農場」的觀光巴士路線，詳細行程內容及預約方式請參考北海道中央巴士官網。

路線	費用 （附午餐）	運行時間 （2017）	出發及回程時間
富良野·美瑛 四季物語	大人 7,200 円 小孩 4,800 円	6/1 ~ 6/26、 8/7 ~ 10/15	9:00 出發，回程 19:30 抵達巴士總站
富良野 薰衣草物語	大人 7,200 円 小孩 4,800 円	6/27 ~ 8/6	9:00 出發，回程 19:30 抵達巴士總站
富田農場＆北竜 向日葵·美瑛	大人 6,900 円 小孩 3,800 円	7/16 ~ 8/20	8:10 出發，回程 18:40 抵達巴士總站
青池＆富田 農場·美瑛	大人 7,200 円 小孩 4,800 円	6/1 ~ 8/31	8:20 出發，回程 18:35 抵達巴士總站 （6/27 ~ 8/7 回程時間為 18:50）
北海道 全景之路	大人 7,600 円 小孩 5,050 円	6/5 ~ 10/11	8:45 出發，回程 19:15 抵達巴士總站

　　費用乍看之下比自行搭車還貴一些，但這不僅只是往返美瑛、富良野的交通費，也包含各景點間的交通費以及午餐費用，算是相當實惠的方案，輕輕鬆鬆就能遊遍北海道夏季最熱門的景點，對於想善用短時間周遊美瑛、富良野的人來說是不錯的選擇。

INFO

北海道定期觀光巴士　2017.04 ～ 11 春·夏·秋號

http://www.chuo-bus.co.jp/sightseeing/catalog/2017sum/

PART 1
PART 2
PART 3
PART 4
PART 5
PART 6
PART 7

溫泉名湯之旅

　　日本人愛泡湯，日本境內有許多知名的溫泉渡假勝地，溫泉可以說是旅遊日本不可或缺的重要元素。在北海道即使是夏季，因為日夜溫差大的關係，早晚還是會有涼意；天氣寒冷時泡湯就已經是一大享受，如果還能搭配北海道雄偉的自然景觀，或是在冬季來個雪地泡湯的特別體驗，一定能為旅程留下難忘的回憶。對於不想趕行程的旅人，建議安排一天好好享受溫泉飯店的設施，以及北海道得天獨厚的自然環境，讓自己放鬆一下、悠哉度假。

提案 11　洞爺湖夏日花火路線

　　洞爺湖是北海道著名的溫泉鄉，在日本溫泉百選也是榜上有名，到洞爺湖除了泡湯之外，同時可以欣賞壯闊的湖景，加上近年仍活動頻繁的有珠山火山，絕對是不虛此行。夏季的洞爺湖不僅能夠泡湯賞景，每天晚上湖畔都會舉行花火大會，還能體驗夏日祭典的熱鬧氣氛。

西山山麓火口散策路

Day 1

札幌 — JR 特急 1 小時 55 分/5,920 円 → 洞爺站 — 搭乘巴士 15 分/280 円 → 有珠山西山山麓火口散策路 — 搭乘巴士 5 分/160 円 → 洞爺湖溫泉飯店 — 步行 3～5 分 → 洞爺湖畔

函館 — JR 特急 1 小時 52 分/5,490 円 → 洞爺站

Day 2

洞爺湖溫泉巴士總站 — 搭乘巴士 25 分/330 円 → JR 洞爺站 — JR 特急 1 小時 55 分/5,920 円 → 札幌

JR 洞爺站 — JR 特急 1 小時 52 分/5,490 円 → 函館

景點	交通方式	停留時間
西山山麓火口散策路	搭乘 JR 至洞爺站 ➤ 轉乘洞爺湖溫泉‧東町方向巴士至西山遊步道（15 分/280 円）➤ 步行約 3 分	30 分
洞爺湖溫泉飯店	從西山遊步道搭乘洞爺湖溫泉‧東町方向巴士至洞爺湖溫泉（5 分/160 円）➤ 步行約 3 分可達洞爺湖溫泉街	
洞爺湖畔	從洞爺湖溫泉街步行 5 分以內	1 小時
札幌｜函館	搭乘巴士至洞爺駅前（25 分/330 円）➤ 轉乘 JR 至札幌站或函館站	

交通費用：
去程 = JR 特急 5,920 円（札幌至洞爺）+ 巴士 440 円 = 6,360 円
回程 = 巴士 330 円 + JR 特急 5,920 円（洞爺至札幌）= 6,250 円
自駕 = 租車 15,000 円（依車型而定，每日約 5,000 ~ 10,000 円）+ 油資 4,000 円 = 19,000 円
※ 回程若利用飯店的接送服務至札幌，車資在 1,000 円以下或免費

- 建議用餐地點：第一天中午可在札幌用餐後出發，或準備便當至 JR 上用餐；晚餐及翌日早餐建議選擇溫泉飯店的一泊二食方案，既然來到北海道，當然少不了一頓豐盛的海鮮大餐，不過比起特地至割烹用餐，在溫泉飯店享用會席料理 CP 值更高。

從札幌前往洞爺湖溫泉的交通方式除了利用 JR 轉乘巴士之外，有些溫泉飯店會針對投宿的旅客提供往來札幌的接送服務，只需支付單趟 500 ~ 1,000 円的車資，甚至免費；如果打算安排一趟兩天一夜的溫泉度假旅行，不妨利用這項服務，能夠省下不少交通費用。

對於自助旅行的人而言，利用飯店的接送服務雖然方便，但還是有一些風險，萬一錯過了乘車時間、或是搞不清楚乘車地點都會延誤行程。另外，飯店的接送服務通常都是中午過後才從札幌出發，抵達飯店時已經是黃昏；回程則大多是在上午發車，假設來回都搭乘接駁專車，可能沒有太多的時間到處逛逛，只能待在飯店附近，對於千里迢迢到北海道旅行的人來說，不見得是最佳選擇。

若是想利用飯店的接駁專車節省旅費，建議在回程時搭乘就好，去程還是自行前往，如此一來，第一天可以早點出發，有充裕的時間遊覽其他景點；第二天直接在飯店搭乘接駁巴士，也不用擔心找不到乘車地點，一舉兩得。訂房前請先確認飯店是否提供接送服務。

火口散策路

通往有珠山西北山麓火山口的步道，沿途隨處可見 2000 年 3 月火山噴發留下的痕跡，以及斷層和火山口湖，到達山上的展望臺後，可以近距離觀看仍不斷冒煙的火山口。來

回展望臺一趟大約 30 分~ 1 小時，但是步道多階梯，如果隨身行李太多可能要放棄這個景點，直接到洞爺湖的溫泉飯店。

• 開放時間：4 月中旬~ 11 月底，7:00 ~ 18:00

洞爺湖畔

　　長達 43 公里的環湖步道，有 58 座大型雕塑散布其間，與周圍的湖光山色相互呼應；在最熱鬧的溫泉街附近有公共的足湯和手湯等設施，以及洞爺湖觀光遊覽船的乘船處。遊客除了可以在湖畔散步、享受天然足湯，時間充裕的話，不妨租輛自行車沿著雕塑公園來趟藝術之旅。

INFO

レンタサイクル高柳商会

地址：洞爺湖町洞爺湖温泉 144
租借費用：自行車 | 1 小時 700 円，2 小時 900 円，
　　　　　每小時加 300 円，1 日 2,000 円；電
　　　　　動自行車 | 1 小時 1,500 円，每小時
　　　　　加 500 円，1 日 4,000 円

洞爺湖畔

觀光遊覽船

　　洞爺湖是日本最北端的不凍湖，全年皆可乘船在湖上遊覽，盡享湖光山色的美景，夏季還可至湖中央的大島稍作停留，參觀森林博物館及欣賞島上的自然生態；花火大會舉辦期間增設夜間遊覽船，可以近距離觀賞湖面上空的煙火。

洞爺湖觀光遊覽船

洞爺湖汽船	中島觀光遊覽船		煙火觀賞船
乘船處	站前棧橋		本社前棧橋
營運時間	4月下旬～10月底 8:00～16:30，每30分一班	11月～4月初 9:00～16:00，每60分一班	4月下旬～10月底 20:30 出發
票 成人	1,420 円		1,600 円
價 孩童	710 円		800 円
網址	http://www.toyakokisen.com/price/price02.html		

長時花火大會

　　日本各地都會舉辦別具特色的夏日祭典搭配各項活動，其中不能缺少的就是熱鬧的花火大會，許多日本人還會特地換上浴衣前往欣賞璀璨的煙火，可以感受到濃濃的日本味。日本的花火大會多在市郊地區舉辦，且每年的日期不盡相同，對於外國遊客來說規劃一趟夏日花火之旅並不容易；洞爺湖畔的花火大會在夏季每天夜晚都會上演，地點就在溫泉街的附近，對於到北海道旅行的遊客而言是體驗夏日花火大會的最佳機會。

• 舉辦時間：4月下旬～10月底，20:45～21:05（天候不佳則取消）

湖畔足湯

　　洞爺湖溫泉街附近有幾處公共的足湯可讓遊客免費享受泡湯的樂趣，其中最推薦的是到湖畔散步就會經過的「洞龍之湯」，可以一邊泡湯、一邊欣賞湖景；泡足湯時建議自備一條小毛巾，如果忘了帶這裡也貼心的設有販賣機。

可免費享受泡湯樂趣的公共足湯

提案 12　然別湖雪地泡湯路線

　　然別湖位在北海道中央、大雪山國立公園的南側山區，為火山爆發後土石崩塌堵塞河谷形成的天然堰塞湖，標高810公尺，是北海道海拔最高的湖泊；比起其他飯店、旅館林立的溫泉度假區，然別湖僅有兩間溫泉飯店，更別說連溫泉街都沒有，這裡有的就只是溫泉和美景，讓人可以完全放鬆地感受大自然最純淨的氣息。

PART 1
PART 2
PART 3
PART 4
PART 5
PART 6
PART 7

　　然別湖的氣候嚴寒，湖面冰凍時會藉此打造出一座冰上村，舉辦長達兩個月之久的冬季慶典，相較於北海道其他地方的雪祭多為期一週左右，然別湖冰上村的活動在每年1 月底～ 3 月底舉辦，有雪屋、冰之酒吧、冰之教堂等各式各樣的設施；最具特色的是露天溫泉，不僅讓遊客體驗在冰天雪地的低溫下泡湯的樂趣，同時又能飽覽湖面的美景。

　　冰上村的所有設施都開放免費參觀，冬季遊然別湖，絕美祕境、溫泉名湯、雪國祭典，讓你一次滿足，實在是 CP 值非常高的行程。

Day 1

Day 2

景點	交通方式	停留時間
帶廣車站	搭乘 JR 特急（8:54）至帶廣車站（11:39）	
然別湖溫泉飯店	從帶廣站前巴士總站搭乘然別湖方向巴士（11:45 發車）至然別站	
然別湖冰上村	從飯店步行 1 ～ 3 分	1 小時
帶廣車站	從然別湖風水飯店前的巴士站搭乘 JR 帶広駅前方向巴士	1 小時
札幌｜釧路	搭乘 JR 至札幌站或釧路站	

交通費用：
札幌 - 帶廣來回票＝ 12,950 円（JR 特急，2 小時 50 分）｜ 7,130 円（高速巴士，3 小時 40 分）
※ 巴士的座位較狹窄且車程時間較長，有長輩或小朋友同行需考慮是否合適；若前一日或後一日
　的行程也是利用 JR 長途移動，建議購買 JR Pass 3 日券（16,500 円 × ⅔ ＝ 11,000 円）

• 建議用餐地點：帶廣車站附近有多家知名的豚丼老店，北海道著名的洋菓子專賣店柳月
　及六花亭帶廣本店也都離車站不遠，不論在此享用午餐或是甜點都很適合；第一天晚餐
　及翌日早餐建議預訂飯店的一泊二食，因為然別湖畔除了福原飯店與風水飯店，沒有其
　他任何店家，除非自備食糧，不然就只能餓肚子了。

然別湖位在偏遠的山區，從札幌出發要先搭乘 JR 至帶廣站，再轉乘巴士至然別湖，單趟車程約 4.5 小時，不過好消息是班次不算太少，札幌往返帶廣的 JR 列車每天有 10 班左右，帶廣往返然別湖的巴士每天有 4 班，比起許多偏遠地區一天可能只有 1～2 班巴士，已經算是不錯的了。

　　另外，帶廣往返然別湖的北海道拓殖巴士，在冬季期間（11～4 月）提供「無料運行」的服務，也就是可以免費搭乘，去程只須在上車時抽取整理券、下車時再交給司機先生即可；回程須持然別湖當地飯店給的「無料券」乘車，下車時將整理券及無料券一起交給司機先生，不過僅限往返帶廣車站至然別湖，在途中的其他地點上、下車並不適用。

　　往返然別湖的巴士也可在 JR 新得站搭乘，冬季期間同樣享有免費搭乘的優惠，只是新得站附近沒有其他景點或熱鬧的市

每天僅有 4 班巴士，旅遊旺季乘客眾多，最好提早至巴士站候車

區可逛，且途中必須多轉乘一班巴士；後半段的巴士並非從起站搭乘、而是中途上車，若是旅遊旺季前往可能會沒有座位，如果攜帶大件行李也會較為不便，即使新得站距離札幌略近一些（車程約 2 小時），轉乘巴士的車程時間也較短一點（約 50 分），但是車班較少，建議還是至帶廣站轉乘。

冬季期間可免費搭乘帶廣車站往返然別湖的巴士，回程記得向飯店索取巴士無料券

持有無料券上車時仍需抽取整理券，下車時一併交給司機先生即可

PART
1

PART
2

PART
3

PART
4

PART
5

PART
6

PART
7

帶廣車站周邊

帶廣車站附近有中型的百貨商場，不過跟札幌市區的百貨公司比起來是小巫見大巫，對於專程前往北海道的旅客來說實在是不值得花時間在這裡逛街購物，在此停留的重點不妨放在品嚐當地的特色美食。

帶廣豚丼

提到帶廣美食最有名的就是豚丼（豬肉蓋飯），碗裡滿滿的烤豬肉片蓋在白飯上，搭配店家獨門的醬汁及佐料，讓人一口接著一口、根本停不下來。在帶廣車站附近就有多家老牌的著名豚丼，用餐期間經常是大排長龍，餐期最好提早前往，也可以選擇外帶，方便趕搭 JR 的旅客在車上享用。

INFO

元祖豚丼のぱんちょう

地址：帶広市西一条南 11-19
交通方式：從 JR 帶廣站北口步行約 1 分
營業時間：11:00 ～ 19:00
公休日：週一及每月第 1、3 個週二

元祖豚丼のぱんちょう

帶廣豚丼名店はげ天

はげ天豚丼弁當

INFO

はげ天本店

網址：http://www.obihiro-hageten.com/index.html
地址：帯広市西一条南 10 丁目
交通方式：從 JR 帶廣站北口步行約 5 分
營業時間：11:00 ～ 21:00

柳月｜六花亭

　　北海道相當著名的洋菓子專賣店，在札幌、新千歲機場的特產店都可以看到它們的熱賣商品，於帶廣市中心皆設有直營店，且距離車站都不遠，推薦給喜歡甜點的朋友，午後不妨到此享用下午茶。

六花亭帯広本店

六花亭本店限定人氣商品サクサクパイ

PART 1
PART 2
PART 3
PART 4
PART 5
PART 6
PART 7

INFO

柳月大通店

網址：http://www.ryugetsu.co.jp/
地址：帯広市大通南 8 丁目 15
交通方式：從 JR 帶廣站步行約 7 分
營業時間：8:30 ～ 19:30

六花亭帯広本店

網址：http://www.rokkatei.co.jp/
地址：帯広市西 2 条南 9 丁目 6
交通方式：從 JR 帶廣站步行約 7 分
營業時間：9:00 ～ 19:00 | 喫茶室 11:00 ～ 18:00 (LO 17:30)

然別湖

然別湖位於大雪山國立公園的南端，標高 810 公尺，是北海道海拔最高的天然湖泊；其所屬的鹿追町是北海道的極寒地區，冬季最低溫達零下 30°C，年溫差可達 60°C。這裡人煙稀少，周圍的原始森林保有豐富的自然生態，夏季造訪可以請導遊作個生態導覽，或是在

然別湖

湖面上划獨木舟；冬季湖面冰封期間會舉辦長達兩個月的冰上村活動，讓遊客在白雪皚皚的秘境裡體驗泡湯及參加祭典的樂趣。

然別湖冰上村

每年冬季，在然別湖冰凍的湖面上都會打造出一座獨特的冰上村，有雪屋、冰之酒吧、冰之教堂等設施，其中最受歡迎的冰上露天風呂不同於一般溫泉飯店內的戶外泡湯設施，而是獨立設置於冰封湖面的兩個超級大木桶，包括溫泉水也是透過管線接引至此。除了夜間規劃的男、女專用時段，其餘時間為混浴，可以穿著泳衣入池，挑戰在零下 20 ～ 30°C 的雪地裡泡湯，更衣室也設在戶外、以冰磚砌成，成為冬季造訪然別湖的遊客爭相體驗的活動。

• 開放時間：1 月底～ 3 月底，6:30 ～ 22:00

1 福原飯店 2 風水飯店 3 冰之酒吧 4 然別湖冰上村 5 冰上露天風呂

PART 1
PART 2
PART 3
PART 4
PART 5
PART 6
PART 7

親子小旅行

規劃親子旅行時總是擔心大人和小孩感興趣的事物不同，以致於在行程安排上難以取捨，以大自然為旅遊重點的北海道，景點多半結合自然環境，對大人來說悠閒自在，對小孩來說新奇有趣，像是冬季前往白雪皚皚的北海道，對於不常見到雪的國人來說，就連大人都會覺得興奮雀躍。即使是一趟簡單的北海道旅行，總有不少景點能夠讓大人、小孩都玩得盡興。

只要別將行程安排得太緊湊，戶外活動都蠻適合小朋友同行，但是小朋友的體力不如大人，一趟旅行如果從早到晚馬不停蹄，小朋友難免會失去耐性、影響遊興。以下兩個行程提案比較有彈性，景點距離住宿的地點不遠，可以盡情遊玩，玩累了想提早回飯店休息也無妨；在為期 6 ~ 7 天的親子旅行中，穿插 1 ~ 2 天這樣的行程放鬆一下，才不會讓旅行變得像修行，累壞了孩子和自己。

1 旅行對小朋友而言就是隨時會有新發現　2 北海道有許多戶外景點可以讓小朋友盡情奔跑
3 雪對臺灣的小朋友來說有一股特別的魅力　4 北海道濃郁的鮮奶和霜淇淋都讓小朋友愛不釋手

在北海道說起溫泉,最著名的莫過於登別溫泉,不光是在北海道享有盛名,在每年的日本溫泉百選也都名列前茅,可以說是日本全國皆知的溫泉名湯,即使對溫泉品質要求極高的人也不會失望。

另外值得一提的是有幾個北海道知名的主題園區都在登別,像是登別熊牧場、登別

登別伊達時代村

伊達時代村、登別尼克斯海洋公園,加上從登別溫泉街步行即可抵達的登別地獄谷、大湯沼等,熱門景點集中、且景點間的交通便利,也是登別溫泉受歡迎的原因之一。規劃行程時將主題園區安排在上午時段,讓小朋友先消耗一些體力,下午再至登別溫泉街附近的景點,皆在步行就可以到達的距離內,如果覺得累了也可以早點回飯店休息。

Day 1

| 札幌 | JR 特急
1 小時 45 分
4,480 円 | JR
登別站 | 搭乘巴士
10 分
190 円 | 登別伊達
時代村 | 搭乘巴士
15 分
230 円 | 登別溫泉飯店 | 步行
5～20 分 | 登別地獄谷
&大湯沼 | 步行
10 分 | 登別溫泉街 |
| 函館 | JR 特急
2 小時 30 分
6,890 円 | | 步行
5 分 | 登別尼克斯
海洋公園 | 搭乘巴士
25 分
340 円 | | 步行
5～10 分 | 登別地獄谷
&登別熊牧場 | 步行
10 分 | |

Day 2

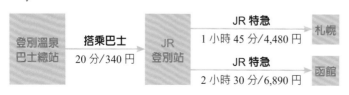

| 登別溫泉
巴士總站 | 搭乘巴士
20 分/340 円 | JR
登別站 | JR 特急
1 小時 45 分/4,480 円 | 札幌 |
| | | | JR 特急
2 小時 30 分/6,890 円 | 函館 |

PART 1
PART 2
PART 3
PART 4
PART 5
PART 6
PART 7

景點	交通方式	停留時間
登別伊達時代村	從 JR 登別站搭乘登別溫泉‧足湯入口方向的巴士至登別伊達時代村前	3 小時
登別尼克斯海洋公園	從 JR 登別站步行 5 分	3 小時
登別溫泉飯店	在登別伊達時代村前搭乘登別溫泉‧足湯入口方向的巴士	
登別地獄谷	從登別溫泉巴士總站步行約 10 分	20 分
大湯沼	從登別地獄谷往大湯沼自然探勝路方向步行約 20 分	2 ～ 3 小時
登別熊牧場	從登別溫泉巴士總站步行約 5 分	1 小時
登別溫泉街	從 JR 登別站搭乘登別溫泉方向的巴士至登別溫泉ターミナル站	1 小時
札幌｜函館	在登別溫泉巴士總站搭乘登別駅前方向的巴士 ➤ 轉乘 JR 至札幌站或函館站	

交通費用：
去程 = JR 特急 4,480 円（札幌至登別）+ 巴士 420 円（登別伊達時代村）｜340 円（登別尼克斯海洋公園）= 4,900｜4,820 円
回程 = 巴士 340 円 + JR 特急 4,480 円（登別至札幌）= 4,820 円
※ 回程若利用飯店的接駁巴士至札幌，車資在 1,000 円以下或免費

門票費用：三園區券｜成人 6,500 円，孩童 3,400 円；兩園區券｜成人 4,400 円，孩童 2,300 円
※ 可在登別伊達時代村、登別尼克斯海洋公園、登別熊牧場等主題園區的售票口購買外籍旅客限定的「登別主題公園套票」，盡情暢遊三個園區或任選其中兩個園區，有效期限為 3 日，購票時請記得攜帶護照。

• 建議用餐地點：第一天中午在主題園區內或至登別溫泉街用餐皆可，溫泉街上有幾間平價的拉麵店及蕎麥麵店可供選擇，價位約在 800 ～ 1,000 円之間，有許多店家推出地獄拉麵（辣味拉麵）為此處的特色；晚餐及翌日早餐建議預訂飯店的一泊二食方案。

登別伊達時代村

以大江戶時代為背景規劃的主題園區，無論是建築或街道，甚至工作人員的穿著和腔調，都充分展現江戶時代的風情；園內有許多精心設計的設施，像是有許多妖魔鬼怪的「妖怪ぴっくり小屋」、以忍者為主題的迷宮「忍者怪々迷路」、可體驗投擲忍者飛鏢（手裏劍）及弓箭術的「體驗道場」等，也有許多融合時代背景的戲劇演出，不管是大人、小孩都會覺得新奇有趣。

INFO

登別伊達時代村
網址：http://www.edo-trip.jp/lng_chinese1/
開放時間：4 ～ 10 月，9:00 ～ 17:00 ｜ 10 ～ 3 月，9:00 ～ 16:00
門票：成人 2,900 円，孩童 1,500 円，幼兒 600 円

登別主題公園套票
網址：https://tw.nixe.co.jp/admission-access/

1-2 登別伊達時代村　3 登別尼克斯海洋公園　4 地獄谷遊步道

登別尼克斯海洋公園

主館是一幢歐式的城堡建築，裡面是大型的水族館，透過水晶塔及水底隧道等設計，展示約 400 種的水族生物，讓人有種置身海底的感覺。海洋公園內少不了的當然就是海豚、海獅的表演，另外也有著名的企鵝遊行活動，可以讓大家近距離目睹企鵝從身邊走過。

INFO

登別マリンパークニクス
網址：https://tw.nixe.co.jp/
開放時間：9:00 ～ 17:00
門票：成人 2,450 円，孩童 1,250 円，3 歲以下免費

登別地獄谷

位於登別溫泉東北方，是個直徑約 450 公尺的火山噴發口遺跡，現在仍不時冒出蒸氣和滾湯的溫泉，遠望此處彷如傳說中的地獄一般；目前每分鐘可湧出 3,000 公升的溫泉，為登別溫泉之泉源。

1

2

1-2 難得一見的溫泉川對大人、
　　小孩來說都是新鮮的體驗
3-4 大湯沼是個冒著白煙的溫泉
　　湖泊

3

大湯沼

　　周長約 1 公里的大沼澤，
為火山噴發的遺跡，從沼澤底
部湧出高達 130℃ 的硫黃泉，
表面溫度約為 40 ～ 50℃。循
指標沿著步道繼續前進，可在
由大湯沼的泉源湧出的溫泉川
裡體驗天然足湯，滾燙的溫泉
水經過自然降溫，流經此處正
好為適合泡足湯的溫度。從地
獄谷沿大湯沼步道至天然足湯
來回一趟約 3 公里，推薦不妨
到此一邊泡足湯、一邊欣賞大
自然的奇景。

4

登別熊牧場

飼養了 100 頭以上的棕熊，除了遠距離觀賞，也可以購買專屬飼料餵食、近距離與熊互動，牧場不但替每隻熊都取了名字、介紹牠們的性別和個性，也經常舉辦活動，票選最受歡迎的熊明星。另外，園區內也設有北海道原住民的文化展示區，介紹愛努人的歷史文化及手工藝品。

INFO

登別熊牧場

網址：http://bearpark.jp/
開放時間：4 ~ 6 月、10 ~ 1 月，8:30 ~ 16:30 |
　　　　　7 ~ 9 月，8:00 ~ 17:00 | 2 ~ 3 月，8:30 ~
　　　　　16:00
門票：成人 2,592 円，孩童 1,296 円，3 歲以下免費

1-2 位在山林中的天然足湯別有氣氛，還貼心的準備了坐墊讓遊客自行取用
3-4 在溫泉街循著指標即可找到登別熊牧場的入口處
5 登別熊牧場纜車站

登別溫泉街

　　登別溫泉巴士總站旁的商店街，除了販售各種小吃、伴手禮之外，街道上還有許多代表登別的可愛鬼怪雕像，當然也少不了各式各樣的鬼怪紀念小物。

閻魔堂

　　登別溫泉街上有一處供奉著大尊閻魔王的からくり閻魔堂，每天會上演數次地獄審判變臉秀，來到此地的遊客一定不能錯過。

1 登別溫泉街　2 登別鬼文化—街道上經常可見鬼怪雕像　3-4 平時看似和善的閻魔王變臉也是很可怕的

安排一趟北海道自助親子遊會遇到的問題是可能在交通規劃上，特別是孩子還小移動不便，冬季道路積雪時甚至連嬰兒推車都無法使用，出國旅行度假反而累個半死；不妨考慮拉長待在同一個地點的時間，避免長距離移動，度假村就是個不錯的選擇。

| 札幌 | JR 特急
1 小時 45 分
2,810 円 | → | トマム站 | 接駁車
10 分 | → | 星野度假村 | 接駁車
10 分 | → | トマム站 | JR 特急
1 小時 45 分
2,810 円 | → | 札幌 |

景點	交通方式	停留時間
星野度假村	搭乘 JR 至トマム站 ➤ 轉乘度假村接駁專車 ※ 若是出站後沒有看到接駁車，可於 2 號月臺候車室以專用電話連絡度假村人員	2 天 1 夜 或 3 天 2 夜
札幌	搭乘度假村接駁專車至 JR トマム站 ➤ 轉乘 JR 至札幌	
交通費＝JR 特急來回 5,620 円		

星野度假村

位在トマム的星野度假村是北海道相當知名的度假中心，這裡冬季是滑雪場，夏季有室內的人造海灘可以戲水，在雲海露臺能夠欣賞難得一見的美景，另外還有日本建築大師安藤忠雄設計的「水之教堂」，是個結合大自然的度假村，在此待上 2 ~ 3 天也不會覺得無聊；度假村的設施非常豐富，每個季節都有不同的活動可以參加，詳細內容請參考官網介紹。

星野度假村

星野度假村的微笑海灘

PART 1
PART 2
PART 3
PART 4
PART 5
PART 6
PART 7

1 變幻多端的雲海景觀
2 夏季才開放的雲海露臺
3 氣氛悠閒的溫泉飯店特別適合親子遊
4 在度假飯店的房內無拘無束享用大餐

INFO

星野リゾート

網址：https://www.snowtomamu.
jp/winter/cn/

百萬夜景之旅

　　北海道南端最大的城市函館，是 19 世紀中葉日本結束鎖國後最早開放對外貿易的港口之一，街道上至今仍充滿濃濃的異國風情；同時這裡也是日本結束幕府時代前的幕末最後舞台，在五稜郭公園內的箱館奉行所可以看到歷史留下的痕跡。此外，遊客最感興趣的是函館山上的夜景，特殊的扇形平原讓函館夜景有著獨一無二的景致，曾被評選為日本三大夜景，並享有世界三大夜景的美譽，人氣居高不下也讓造訪函館的遊客絡繹不絕。

　　從行程規劃的角度來看，由於函館及其周邊的景點不多，通常會搭配道央區一起安排一趟北海道之旅；從札幌搭乘 JR 特急列車至函館的車程約 4 小時，車資並不便宜（自由席 8,830 円），建議購買 JR 鐵路周遊券前往。北海道期限最短的 JR Pass 為 3 日券，不妨安排兩天一夜的函館之旅，再搭配由札幌出發的一日往返行程，規劃一趟道南之旅。

提案 15　經典二日遊路線

　　從札幌搭乘 JR 特急列車前往函館，單程票價就要 8,830 円，建議購買 JR 北海道鐵路周遊券（3 日券 16,500 円），在函館行的前後可以安排一日往返旭山動物園的行程，如果想充分利用 JR Pass，第二天回札幌前可再加入小樽半日遊行程，或是僅在小樽享用晚餐及觀賞運河夜景也可以。

Day 1

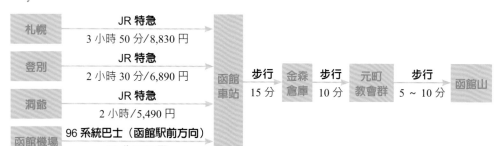

札幌	JR 特急　3 小時 50 分/8,830 円			
登別	JR 特急　2 小時 30 分/6,890 円			
洞爺	JR 特急　2 小時/5,490 円	函館車站 → 步行 15 分 → 金森倉庫 → 步行 10 分 → 元町教會群 → 步行 5～10 分 → 函館山			
函館機場	96 系統巴士（函館駅前方向）　33 分/290 円			

Day 2

函館朝市 ──[函館市電 10分/230円]──▶ 五稜郭公園 ──[函館市電 轉乘 JR]──▶ 大沼公園

大沼公園 ──[JR 特急 3小時20分/8,300円]──▶ 札幌
大沼公園 ──[JR 特急 2小時6分/5,920円]──▶ 登別
大沼公園 ──[JR 特急 1小時26分/4,810円]──▶ 洞爺

景點	交通方式	停留時間
函館市區	搭乘 JR 至函館站	30 分
金森倉庫	從 JR 函館站步行 15 分,或從函館市電十字街站步行 3 分	2 小時
元町教會群	從金森倉庫步行 10 分,或從函館市電末広町站步行約 5 ~ 10 分	2 小時
函館山	從元町教會群步行 5 ~ 10 分可達函館山纜車乘車處	2 小時
函館朝市	從 JR 函館站步行 1 分	1 小時
五稜郭公園	搭乘函館市電至五稜郭公園前 ▶ 步行 15 分	2 小時
大沼公園	搭乘函館市電至函館駅前 ▶ 轉搭 JR 至大沼公園站 ▶ 步行 5 分	2 小時
札幌	搭乘 JR 至札幌站	

交通費 = JR Pass 11,000 円（16,500 円 ×⅔）+ 函館山纜車來回 1,280 円 + 函館市電 460 円（市區 - 五稜郭公園往返）=12,740 円

- 建議用餐地點:函館市區可在金森倉庫附近用餐,五稜郭公園附近也有許多餐廳可供選擇;喜歡生魚片或海鮮的朋友不妨到朝市尋寶,不過函館朝市一大早開始營業,中午過後就陸續打烊了,前往用餐要留意時間。

夜間點燈後的金森倉庫別有氣氛

金森紅磚倉庫

位於函館港旁、紅磚建築已超過百年歷史的金森倉庫,以前作為商船卸貨的商業倉庫使用,隨著海運行業的衰退,現今保留了倉庫的外觀,內部則經過現代化的改裝,有販售各式生活雜貨、異國風情小物及紀念品的店家,也有風格各異的餐廳供應美食、啤酒、甜點等,夜晚增添燈光裝飾,呈現出和白天完全不同的風貌。

INFO

金森赤レンガ倉庫
網址:http://www.hakodate-kanemori.com/tw/
營業時間:9:30 ~ 19:00,依店家而異

1 金森紅磚倉庫　2 金森倉庫匯集了許多特色店鋪　3 口味獨特的幸運小丑漢堡　4 幸運小丑漢堡的價位平易近人

Lucky Pierrot

　　專程去北海道旅行，竟然推薦大家到速食店吃漢堡？你沒看錯，幸運小丑漢堡只有在北海道函館才吃得到，這間店創立至今已有 30 年的歷史，在函館市區就有多家分店，一直是函館人心目中無可取代的美食；不同於西式漢堡的肉餅內餡，幸運小丑的漢堡融合了許多日式炸物及醬汁，像是炸豬排漢堡、照燒漢堡、中式炸雞漢堡等，口味獨特又好吃，連套餐的配角薯條也一點都不馬虎，加上價位平易近人，非常值得一試。

INFO

ラッキーピエロ ベイエリア本店

網址：http://luckypierrot.jp/
地址：函館市末広町 23-18
營業時間：10:00 ～ 0:30，週五至 1:30
消費：350 ～ 800 円/人

PART
1

PART
2

PART
3

PART
4

PART
5

PART
6

PART
7

幸運小丑漢堡只有在函館才吃得到

長谷川商店

　　同樣是函館在地知名的連鎖老店，幾乎所有分店都開設在
函館市區周邊，也是來到函館必嚐的美食，除了弁當之外、
亦可單點烤肉串，以獨門醬汁燒烤出的軟嫩雞肉及蔬菜，讓
人用親民的價格就能吃到居酒屋等級的美味日式串燒，作
為正餐或點心皆可，趕行程的人不妨外帶至車上享用。

> **INFO**
>
> ハセガワストア ベイエリア店
> 網址：http://www.hasesuto.co.jp/index.html
> 地址：函館市末広町 23-5
> 營業時間：7:00 ～ 22:00
> 消費：500 ～ 800 円/人

1-2 長谷川商店是函館在地的知名連鎖老店　3-5 元町教會群

元町教會群

　　金森倉庫往函館山的方向，有許多從明治時期保留至今的西式建築，包含各國領事館、教會、當時的西式商家或日西合璧的店家，讓此處散發著濃濃的異國風情。附近還有很多的坂道（斜坡道），最有名的是八幡坂，擁有面向港口、有如與大海相連一般的美麗景致，許多日本雜誌、甚至電視劇都曾在此取景。

PART 1
PART 2
PART 3
PART 4
PART 5
PART 6
PART 7

函館山夜景

　　函館的夜景非常有名，曾經和香港、義大利拿坡里一同被評選為世界三大夜景，遊客可以搭乘函館山纜車，僅需 3 分鐘就能從市區到達山頂、欣賞迷人的夜景。函館市地形獨特，兩側皆為弧形海灣，夜晚搭配市區燈光，從函館山上眺望、形成獨一無二的扇形景觀，一年四季人潮總是絡繹不絕，須留意山上氣溫較低，要多注意保暖。

　　如果是租車自駕遊函館的人就可以自行開車上山，不過須留意山路僅夏季 (4 月底～10 月底) 開放，且每天 17:00 ～ 22:00 一般車輛禁止通行，當地人若是想欣賞夜景，多半會選擇在晚上 10 點之後前往。

1 從元町公園眺望函館市區　2 八幡坂就像是一條通往大海的道路　3-4 函館山夜景

INFO

函館山纜車

網址：http://334.co.jp/cht/cht-guide/
交通方式：從函館市電十字街站步行約 10 分可達函館山纜車山麓站
開放時間：4 月 25 日～ 10 月 15 日，10:00 ～ 22:00 ｜ 10 月 16 日～ 4 月 24 日，10:00 ～ 21:00
票價：成人來回 1,280 円，單程 780 円 ｜ 孩童來回票 640 円，單程 390 円

函館朝市

　　位於 JR 函館站旁的朝市，是函館早晨最熱鬧的地方，在這裡輕鬆就能找到 2,000 円以下的超值海鮮丼，當然也有各式海鮮乾貨，是採購伴手禮的好地方。函館著名的烏賊在此隨處可見，最推薦的吃法是將烏賊切成細條狀的刺身，就成了口感鮮甜的烏賊素麵（いかそうめん）；市場內的店家並提供釣烏賊的體驗，釣起的烏賊現場處理、猶如一場表演秀。

1 聞名世界的函館山夜景
2 寒冷的冬季可選擇在室內欣賞夜景
3-4 函館站旁的朝市
5 函館著名的烏賊素麵

INFO

函館朝市

網址：http://www.hakodate-asaichi.com/
營業時間：1 ~ 4 月，6:00 ~ 14:00 | 5 ~ 12 月，
　　　　　5:00 ~ 14:00

| 1-3 現釣烏賊並當場料理　4 二番館食堂　5-6 超值海鮮丼

釣烏賊體驗

　　在「えきに市場」區域內的中央廣場，有一個可以體驗釣烏賊並現場料理的攤位，在這裡不但能品嚐到最新鮮的烏賊刺身，還能以經濟實惠的價格享受釣烏賊的樂趣。

二番館

　　在函館朝市內逛一圈，不難發現二番館食堂的招牌，循著指標上到二樓即可；這裡有既新鮮又便宜的各式海鮮丼，像是五目丼、蟹肉丼、鮭魚卵丼都只要500 円，若是入住的旅店沒有提供早餐，不妨一早來這裡逛逛朝市、吃碗海鮮丼填飽肚子。

INFO

朝市食堂二番館
地址：函館市若松町 9-19（函
　　　館朝市駅二市場 B-24）
營業時間：6:30 ～ 14:00
價位：500 円起

1-2 五稜郭公園　3 五稜郭塔　4 五稜郭公園內的箱館奉行所

五稜郭公園

　　江戶時代建造的歐式星形城郭，是 1854 年函館開港貿易後德川幕府為強化其防衛能力而設；1868 年幕府被推翻前的最後一場戰役「箱館戰爭」（又稱五稜郭之戰）亦是以此為舞臺，可見其在日本歷史上占有的重要地位。1914 年對外開放參觀之後又興建了五稜郭塔，可從塔頂的展望臺眺望五稜郭公園的全貌，4 月底～ 5 月初的櫻花季期間，五稜郭公園櫻花滿開，是函館著名的賞櫻景點；冬季夜間有「五稜星之夢」的點燈活動，登塔眺望非常浪漫，當公園積滿白雪時，發光的五稜星更加耀眼。

INFO

五稜郭タワー
開放時間：4 月 21 日～ 10 月 20 日，8:00 ～ 19:00 | 10 月 21 日～ 4 月 20 日，9:00 ～ 18:00 | 五稜星之夢期間，9:00 ～ 19:00 | 1 月 1 日，6:00 ～ 19:00
票價：成人 900 円 | 中學生 680 円 | 小學生 450 円

大沼公園

　　位於渡島半島東側的國定公園，距離函館約 20 公里，範圍涵蓋大沼及周圍的小沼、蓴菜沼。大沼湖中有 126 座大小島嶼，並以 18 座橋梁連接主要島嶼，駒ヶ岳倒映在湖面的自然美景曾被票選為新日本三景之一。從 JR 大沼公園站步行即可抵達，交通非常方便，在園區內漫步或是租自行車環湖都十分愜意，冬季湖面封凍還能體驗各式各樣的冰上活動。

1 五稜郭公園的地標　2 閃亮耀眼的五稜星　3 駒ヶ岳倒映在湖面的美景　4 湖面封凍的大沼公園　5 秋高氣爽的大沼公園

 1 綠意盎然的大沼公園　2 從大沼公園遠望駒ヶ岳　3 百年老店沼之家　4 大沼糰子

INFO

大沼國定公園

網址：http://onumakouen.com/zh-hant/

交通方式：由函館站搭乘 JR 特急列車約 20 分；由新函館北斗站搭乘 JR 特急列車約 10 分

沼之家

　　大沼公園旁的和菓子名店，1905 年創業的日式糰子專賣店，有紅豆及芝麻兩種口味，是遊客來到大沼必買的伴手禮。

INFO

沼の家

網址：http://www.hakonavi.ne.jp/oonuma/numanoya.html

地址：北海道龜田郡七飯町字大沼町 145（從 JR 大沼公園站步行 1 分）

營業時間：8:30 ～ 18:00（售完為止）

價位：大盒 650 円，小盒 390 円

PART 1

PART 2

PART 3

PART 4

PART 5

PART 6

PART 7

山川牧場

　　北海道相當知名的牧場，各種乳製品
銷售至北海道各地，許多店家販售的北海
道鮮奶及濃郁霜淇淋的原料皆出自於此，
若是自行開車至大沼公園，不妨順道過來
看看。

• 推薦商品：特濃牛乳∣180 mL／140 円，
　900 mL／440 円（空瓶回收可退 40 円）；
　霜淇淋∣300 ～ 320 円

INFO

山川牧場

網址：http://yamakawabokujyo.com/
地址：北海道亀田郡七飯町字大沼町 628 番
　　　地（從 JR 大沼公園站開車 5 分）
營業時間：4 ～ 10 月，9:00 ～ 17:00 ∣ 11 ～
　　　　　3 月，10:00 ～ 16:00
公休日：11 ～ 3 月的每週四，12 月 31 日～
　　　　1 月 3 日

函館市區交通路線圖

五稜郭塔穿梭巴士

五陵郭塔

湯の川
湯の川温泉
市民会館前
駒場車庫前
競馬場前
深堀町
柏木町
杉並町
五稜郭公園前
中央病院前前
千代台
堀川町
昭和橋
千歳町
新川町

函館機場接駁巴士

函館機場

松風町

JR函館本線

住新函館北斗站

函館駅前
市役所前
魚市場通
十字街

末広町

大町

函館どつく前

元町・海岸地區
周遊號

函館山纜車

宝来町
青柳町
谷地頭

登山口入口

ローブウェイ前

函館山

PART 1
PART 2
PART 3
PART 4
PART 5
PART 6
PART 7

提案 16 新幹線周遊路線

選擇從東北搭乘新幹線至北海道的外籍旅客通常都會持有 JR Pass，推薦購買 JR 東日本·南北海道鐵路周遊券，可在 14 日內任選 6 日使用，只需花費 26,000 円（在日本境內購買為 27,000 円），兩天一夜的函館之旅便能利用新幹線或 JR 特急列車快速長距離移動。

Day 1

新幹線 ➤ 新函館北斗站 ─ JR → 大沼公園 ─ JR 特急 → 函館站 ─ 函館市電 5 分/210 円 → 函館山

Day 2

函館朝市 ─ 函館市電 10 分/230 円 → 五稜郭公園 ─ 函館市電 240 円/15 分 → 金森紅磚倉庫 ─ 步行 10 分 → 元町教會群 ─ 步行 15 ~ 25 分 → JR 函館站 ─ JR 特急 3 小時 50 分/8,830 円 → 札幌
JR 函館站 ─ JR 特急 2 小時 30 分/6,890 円 → 登別
JR 函館站 ─ JR 特急 2 小時/5,490 円 → 洞爺

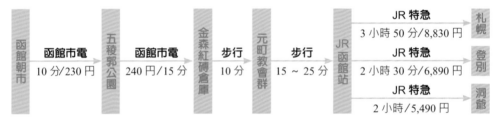

景點	交通方式	停留時間
大沼公園	搭乘新幹線至新函館北斗站 ➤ 轉乘 JR 至大沼公園站 ➤ 步行 5 分	2 小時
函館山	搭乘 JR 至函館站 ➤ 步行 20 分可達函館山纜車山麓站，或從 JR 函館站轉乘函館市電至十字街站 ➤ 步行 5 分	2 小時
函館朝市	從 JR 函館站步行 1 分	1 小時
五稜郭公園	搭乘函館市電至五稜郭公園前 ➤ 步行 15 分	2 小時
金森倉庫	搭乘函館市電至十字街站 ➤ 步行 3 分	2 小時
元町教會群	從金森倉庫步行 10 分，或從函館市電末広町站步行約 5 ~ 10 分	2 小時
札幌	搭乘 JR 至札幌站	

交通費 = JR 東日本·南北海道鐵路周遊券 8,667 円（26,000 円 × ⅓）＋ 函館市電 1 日乘車券 600 円 = 9,267 円

- 建議用餐地點：函館市區可在金森倉庫附近用餐，五稜郭公園附近也有許多餐廳可供選擇。若第一天中午前就抵達函館，可至函館車站旁的朝市用餐，或是乘車前就先準備好火車便當（駅弁）在車上享用；投宿的旅店如果在函館車站附近，也可以先寄放行李，或是將行李存放在車站的置物櫃。

INFO

函館市觀光資訊官方網站

網址：https://www.hakodate.travel/cht/

PART
1

PART
2

PART
3

PART
4

PART
5

PART
6

PART
7

INFO

歡迎光臨札幌

網址：http://www.sapporo.travel/?lang=tw

INFO

Good Day 北海道

網址：http://tw.visit-hokkaido.jp/

一日往返小旅行

札幌是扮演北海道交通樞紐的大城市，每天都會有 JR 特急列車或高速巴士往來札幌和北海道主要都市之間，即使稍遠的城市和觀光景點也能一日往返，對於時間有限的旅客來說，如果能充分利用這個特點，規劃一趟由札幌出發的小旅行，可以讓整趟北海道之旅的行程更加豐富；單趟車程約 2 ~ 3 小時是可接受的距離，以下推薦兩個適合一日往返的景點。

提案 17　超人氣動物園路線

位於旭川的旭山動物園，過去曾一度因經營不善而面臨閉園的危機，現在不但奇蹟似地扭轉困境，人氣還直逼日本第一的上野動物園，成為北海道最受歡迎的動物園。旭山動物園最大的賣點是園方善用行動展示，依動物的習性設計獨特的展館設施，讓人可以近距離觀察動物們最自然又充滿活力的一面。冬季在園區內每日都有企鵝散步的活動，遊客可以近距離目睹企鵝們從身邊走過，讓原本冰封一片、遊客稀少的寒冬，反而成為最熱門的季節。

從札幌出發前往旭山動物園的交通方式，可以選擇搭乘 JR 至旭川再轉乘巴士，或是搭乘直達觀光巴士當日往返，以車程時間及座位舒適度而言，JR 無疑略勝一籌，觀光巴士則勝在較為便宜，但 JR 旭山動物園套票為 6,130 円，中央巴士旭山動物園一日遊路線 4,900 円，由於價格差距不是很大，建議搭乘班次多、速度快、座位又舒適的 JR，若玩得不夠盡興、想待久一點，也可以隨時彈性調整行程。

另外，JR 北海道更推出 Lilac 旭山動物園號的特別列車，不論是外觀或內部皆經過精心設計，有各種動物的彩繪圖案、紀念照拍攝區及遊戲設施，讓旅途充滿驚喜、不再枯燥無聊；列車一般為週末運行，可預約搭乘，詳細介紹及運行日期請參考 JR 北海道官網。

| 札幌 | JR 特急 1 小時 25 分/4,810 円 | 旭川 | 搭乘巴士 40 分/440 円 | 旭山動物園 | 搭乘巴士 40 分/440 円 | 旭川 | JR 特急 1 小時 25 分/4,810 円 | 札幌 |
| 網走 | JR 特急 3 小時 50 分/7,970 円 | | | | | | JR 特急 3 小時 55 分/7,970 円 | 網走 |

景點	交通方式	停留時間
旭川車站	搭乘 JR 至旭川站	10 分
旭山動物園	在 JR 旭川站東口的 6 號乘車處搭乘旭川電氣軌道巴士〔41〕、〔42〕、〔47〕旭山動物園線至旭山動物園站	3 ~ 4 小時
旭川車站	從旭山動物園搭乘 JR 旭川駅方向的巴士	10 分
札幌	搭乘 JR 至札幌站	

交通及門票費用：
JR 旭山動物園套票 6,130 円，含札幌 - 旭川的 JR 特急列車來回車票、旭川車站往返旭山動物園的巴士車資、旭山動物園門票
※ 如欲搭乘 Lilac 旭山動物園號，因全車為指定席，需事先預約，且車資要加上指定席費用單趟 520 円
JR 北海道鐵路周遊券 5500 円（3 日券 16500 円 ×⅓）＋巴士 880 円（旭川站往返旭山動物園）＋旭山動物園門票 820 円 =7200 円

• 建議用餐地點：配合旭山動物園的開放時間，建議中午前就抵達動物園，在園區內享用午餐；晚餐可以回到札幌、在車站或是入住的旅店附近用餐。

INFO

ライラック旭山動物園号
網址：http://www.jrhokkaido.co.jp/travel/asahiyamazoo/index.html

旭山動物園

　　日本最北、同時也是北海道人氣最高的動物園，以前曾一度面臨閉園的危機，現在不但成功脫離困境，人氣還直逼日本第一的上野動物園。奇蹟扭轉困境的方法是園方運用行動展示，依動物習性設計不同的設施，讓遊客可以觀察到動物最自然的生活，例如透過海豹館中的透明水槽，可看見海豹在身旁游上游下的情景；北極熊館內設有從地下鑽出、以海豹的視野觀察北極熊的觀望臺；在企鵝館內的水中隧道，可觀察企鵝在水中自在悠游的樣子。另外，冬季每天還有最受歡迎的企鵝散步活動，可以近距離看到企鵝們從身邊大搖大擺走過，讓原本是冰雪覆蓋的寒冬，反而成為旭山動物園的最大賣點。

園區內的餐點加進了讓小朋友又驚又喜的巧思

1 即使是寒冷的冬天，開園前就已經有遊客排隊等待　2 生氣勃勃的北極熊　3 北極熊在水裡玩耍的樣子看得一清二楚
4 特殊的動線規劃，能近距離見到海豹從面前游過　5 與棕熊面對面讓人既緊張又興奮
6-7 冬季限定的企鵝散步活動，可以近距離與企鵝們互動

提案 18 積丹半島兜風路線

　　積丹半島位於小樽西方、臨日本海，在小樽往積丹半島的海岸公路上，可以見到壯麗的懸崖峭壁、各式奇岩怪石，以及被日本人稱為「積丹藍」的寶藍色海水。提到夏季的北海道，一般人可能只想到富良野的薰衣草，但是筆者認為天然的積丹海景更具代表性，光是邊開車兜風、邊欣賞沿途景致就是一種享受。不打算租車的人可以選擇中央巴士推出的觀光巴士行程，除了從札幌出發、在小樽亦能參加積丹一日遊的行程。

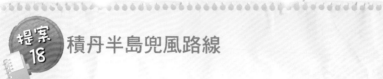

景點	交通方式	停留時間
島武意海岸	從札幌出發車程約 2 小時 50 分，從小樽出發車程約 2 小時	30 分
神威岬	從島武意海岸出發車程約 20 分	2 小時
小樽市區	從神威岬出發車程約 2 小時	2 小時
札幌｜小樽	從小樽出發至札幌車程約 50 分	

交通費：租車費用依車型而定，每日約 5,000 ～ 10,000 円；油資約 2500 円

‧ 建議用餐地點：前往積丹半島的海岸公路上，能夠用餐的店家相當少，建議先在便利商店買些簡單的餐點，不然一時之間可能連便利商店也很難找到；晚上可以在小樽市區用餐，以小樽堺町靠近小樽運河周邊店家最多，若是小樽堺町的店家已打烊，不妨在小樽運河附近的店家用餐，然後至小樽運河散步、欣賞夜景。

島武意海岸

　　被列入日本海岸百選的絕美景點，從停車場步行、穿過一條 30 公尺長的隧道後可來到展望臺，此處是眺望海景的最佳地點，峭壁、巨岩加上湛藍的清澈海水，海岸美景如畫一般，讓人深深著迷。

鱗晃莊

　　積丹著名的鄉土料理店家，是間創業超過 60 年的老店，每天選用當地的新鮮漁獲製作美味料理。6 ～ 8 月是積丹的海膽產季，許多遊客大老遠前來就是為了一嚐鮮甜的海膽，也有以鮮蝦、鮭魚、鮑魚、螃蟹作成的海鮮丼；僅在 6 ～ 8 月海膽產季中有漁獲的日子營業，不妨關注店家網頁的最新消息並事先規劃用餐地點的備案，以免白跑一趟。

島武意海岸

INFO

鱗晃莊

網址：http://rinkousou.net/index.html
地址：積丹郡積丹町大字入舸町字沢 57-1（島武意海岸入口處附近，入舸郵便局對面）
營業時間：6 月中旬 ～ 8 月（其他時段請洽店家），12:30 左右開始營業至食材用完為止
公休日：不定休（天候不佳無法捕漁的日子店休）
消費：1800 ～ 3000 円/人

神威岬

　　位在積丹半島最前端的神威岬有一段淒美的故事，傳說一名女子與義經相戀不成，投身海中化為巨岩，即海岬最前端獨立於海上的神威岩，自此之後，據說船上只要有女子乘坐就會翻覆，故神威岬步道又有女人禁地這樣的說法。步道一直延伸至海岬最前端的燈塔，從停車場算起全長 770 公尺，沿途可見陡峭山壁和無邊際的大海，隨處都是絕美的風景，來回走一趟大約要花上將近 1 小時的時間，但是非常值得。因當地風勢大，常有因強風而臨時關閉的情形發生，出發前請務必至積丹觀光協會官網確認當日開放狀況。

• 開放時間：8:00 ～ 18:30（隨季節略有變動）

神威岬

神威岩

INFO

積丹觀光協會

網址：http://www.kanko-
shakotan.jp/

道東秘境之旅

如果說北海道是日本的自然寶庫，那麼道東就是北海道最原始的秘境，許多地方仍保有未遭受人類破壞的自然奇景，在列為世界自然遺產的知床半島地區，甚至有很大一部分區域是一般人禁止進入的自然保育區，野生動物及棕熊棲息其中自在生活。關於道東的行程規劃，建議在夏季的 6 ～ 9 月或冬季 1 月底～ 3 月中前往，與北海道其他地區的觀光景點略有不同，到此一遊可以感受最純粹的自然。

提案 19 探索自然路線

道東地區的特色是保留了許多原始的自然環境，但也因為如此交通非常不便，大眾運輸工具少之又少，要串連行程相當不容易，最推薦的旅遊方式是租車自駕。夏季期間道東路況佳，自行駕車旅行相當舒適，即使從來沒有在日本開車的經驗也能輕易上手，是一般旅客遊道東的入門方式。道東的南北兩個主要城市是釧路及網走，可以分別設定為道東之旅的起迄站，結束道東的行程之後，可由網走朝旭川方向、或是由釧路往帶廣方向前進，亦可直接搭車前往札幌。

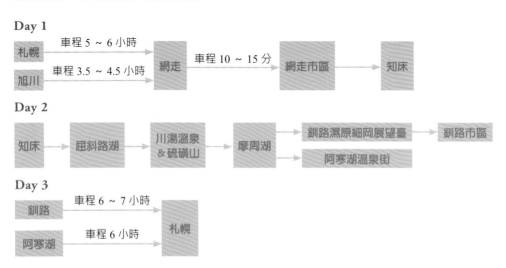

Day 1

札幌 ── 車程 5 ～ 6 小時 ──→ 網走 ── 車程 10 ～ 15 分 ──→ 網走市區 ──→ 知床
旭川 ── 車程 3.5 ～ 4.5 小時 ──→

Day 2

知床 ──→ 屈斜路湖 ──→ 川湯溫泉 & 硫磺山 ──→ 摩周湖 ──→ 釧路濕原細岡展望臺 ──→ 釧路市區
　　　　　　　　　　　　　　　　　　　　　　　　　　　　 ──→ 阿寒湖溫泉街

Day 3

釧路 ── 車程 6 ～ 7 小時 ──→ 札幌
阿寒湖 ── 車程 6 小時 ──→

PART 1
PART 2
PART 3
PART 4
PART 5
PART 6
PART 7

景點	交通方式	停留時間
網走市區		2 小時
知床	從網走出發車程約 2.5 小時	4 ~ 5 小時
屈斜路湖	從知床出發車程約 2 小時	1.5 小時
川湯溫泉＆硫磺山	從屈斜路湖砂湯出發車程約 15 分	1 小時
摩周湖	從川湯溫泉出發車程約 20 分	1 小時
阿寒湖溫泉街	從摩周湖出發車程約 1 小時 40 分	1 小時
釧路濕原細岡展望臺	從摩周湖出發車程約 1.5 小時	20 分
釧路市區	從細岡展望臺出發車程約 45 分	
交通費＝租車 15,000 円（依車型而定，每日約 5,000 ~ 10,000 円）＋油資 5,000 円＝ 20,000 円		

• 建議用餐地點：第一天中午在網走市區用餐；晚上則在知床的餐廳或住宿的旅店用餐。
第二天中午在川湯溫泉至摩周湖間的市區用餐；晚上若在阿寒湖住宿，建議預訂飯店的
晚餐，若是住宿釧路則在市區用餐。

網走市區

　　雖然說網走是道東北部的大都市，實際上比較像是一個小鎮，即便如此，和道東大部分地方比起來還是繁華許多。網走從北海道開拓時代起便設有網走刑務所（網走監獄），許多人對這裡的第一印象都會聯想到監獄，帶給人一種既偏僻又神秘的想像。網走的另外一個主角是流冰，因為特殊的氣候條件，冬季在網走的鄂霍次克海沿岸，有機會觀賞到高緯地區漂下來的流冰，成為日本最著名的流冰城市。

網走車站

網走監獄博物館

　　設立於明治 23 年（1890 年），在北海道開拓時期作為羈押重刑犯及政治犯的監獄，在此服刑的同時還要從事開拓，工作辛苦之外，氣候環境又惡劣，給人一種神秘又艱困的印象。舊時代的網走監獄現今已揭開它的神秘面紗，改裝成博物館開放參觀，除了可以瞭解當時犯人的生活，也販售監獄食供民眾品嚐，據說和服刑犯人所吃的飯菜是一樣的。

INFO

網走監獄博物館

網址：http://www.kangoku.jp/multilingual_
　　　hantai/
交通方式：從 JR 網走站開車約 10 分
開放時間：5 ～ 9 月，8:30 ～
　　　　　18:00 ｜ 10 ～ 4 月，9:00 ～
　　　　　17:00
門票：成人 1,080 円，高中生 750 円，
　　　中小學生 540 円

網走監獄博物館

鄂霍次克流冰館・天都山展望臺

　　以流冰聞名的網走，並不是冬季
前往就一定可以見到流冰，即使是在氣
候嚴寒的 2 月，也得碰一點運氣；如果
不想白跑一趟，或是在冬季以外的季節
造訪網走，不妨到鄂霍次克流冰館體驗
寒冬的感覺。另外，在流冰館的頂樓有
個天都山展望臺，平時免費開放參觀，
視野超廣闊的 360 度全景展望臺，網走
湖、能取湖、網走監獄、鄂霍次克海、
知床連峰都可以盡收眼底，是眺望網走
市區的最佳地點。

鄂霍次克流冰館

INFO

オホーツク流氷館

網址：http://www.ryuhyokan.com/
交通方式：從 JR 網走站開車約 15 分，從
　　　　　網走監獄博物館開車約 5 分
開放時間：5 ～ 10 月，8:30 ～
　　　　　18:00 ｜ 11 ～ 4 月，9:00 ～
　　　　　16:30
門票：成人 750 円，高中生 640 円，中
　　　小學生 540 円

天都山展望臺

知床夕陽

知床

　　位在道東的知床半島被稱為日本最後的自然秘境，半島的大部分地區被原始森林覆蓋，有棕熊、蝦夷鹿、狐狸等野生動物棲息其中，2005 年被認列為世界遺產，自然生態保存得相當完整。保育區一般人無法進入，僅宇登呂及羅臼周邊稍有開發，在這裡可見到許多壯麗的自然景觀，亦可以搭乘知床觀光船，從宇登呂沿著海岸線往返知床半島的前端，從海上窺探知床，運氣好還能見到棕熊在海邊捕魚。

オシンコシンの滝

　　在前往宇登呂的公路上必經之處，是前往知床地區最先抵達的著名景點，在道路旁即可發現通往景點的指標，一旁的展望臺十分接近瀑布，可以近距離欣賞其宏偉壯闊的氣勢，被評為日本瀑布百選之一，因瀑布流瀉而下的途中被分成兩股，故又名為双美瀑布。

- 交通方式：開車沿 334 號國道往知床方向循指標可達
- 停留時間：約 15 分

知床觀光船

知床的大部分地區是一般人無法進入的保育區，想要窺探半島風貌的唯一方法就是搭乘知床觀光船，從海上窺視這神秘之地。觀光船分為硫黃山航線與知床岬航線，航程時間分別為 1 小時 30 分及 3 小時 45 分，建議選擇航程較短的硫黃山航線即可，沿途可以欣賞知床的海岸、奇岩、斷崖、瀑布等自然地形，還有機會看到野生棕熊在海邊覓食抓魚。

INFO

知床觀光船

網址：http://www.ms-aurora.com/shiretoko/about/index.html
交通方式：開車沿 334 號國道往知床方向，進入宇登呂市區後循指標可達
營運期間：4 月 28 日～ 10 月 25 日
票價：硫黃山航線 | 成人 3,100 円，孩童 1,550 円；知床岬航線 | 成人 6,500 円，孩童 3,250 円

知床五湖

由五個大小不同的湖泊連接而成的自然步道區，寧靜又清澈的湖水倒映著連綿的知床山峰，加上周圍茂密的樹林，漫步於此有如置身森林。園區常有野生動物出沒，蝦夷鹿及狐狸是最常見的動物，5 ～ 7 月的棕熊活動期甚至會有棕熊現身，因此須有專業嚮導帶隊，且每日有人數限制，萬一發現有熊出沒會臨時關閉步道；平時需聽取講解說明後才能進入步道，環湖步道外的高架木棧道則沒有管制，開放期間可自由參觀。

• 交通方式：從宇登呂市區開車約 40 分
• 停留時間：高架步道 | 約 40 分；環湖步道 | 約 1.5 ～ 2 小時

PART
1

PART
2

PART
3

PART
4

PART
5

PART
6

PART
7

環湖步道	開放時間		門票
春季保育期	開園 ~ 5/9	7:30 ~ 18:00	成人 250 円．孩童 100 円
棕熊活動期	5/10 ~ 7/31	7:30 ~ 18:30	成人 2,500 円．孩童 1,500 円
	8/1 ~ 8/31	7:30 ~ 18:00	
夏季保育期	9/1 ~ 9/15	7:30 ~ 17:30	成人 250 円．孩童 100 円
	9/16 ~ 9/30	7:30 ~ 17:00	
	10/1 ~ 10/20	7:30 ~ 16:30	
自由參觀期	10/21 ~ 11/12	7:30 ~ 16:00	免費
	11/13 ~ 閉園	7:30 ~ 15:00	

環湖步道

知床五湖

INFO

知床五湖

網址：http://www.goko.go.jp/index.html

196

知床自然中心

　　知床自然中心內有介紹知床半島的各種資料並提供旅遊訊息，一旁還有 2 公里長的自然步道，前半段像是森林步道，後半段是平坦的草原，坡度不大，長者和小孩也能夠輕鬆漫步其中。步道的盡頭是知床八景之一的乙女之淚瀑布（フレペの滝），形成瀑布的水源並非來自於河川，而是融化的雪及雨水滲入地下，再由此斷崖一瀉而下，潺潺水流搭配知床海岸的斷崖絕壁，景色優雅又壯麗。

- 停留時間：30 ~ 60 分（至瀑布往返約 40 分）

INFO

知床自然センター

網址：http://center.shiretoko.or.jp/
交通方式：從宇登呂市區開車約 15 分
開放時間：4 月 20 日~ 10 月 20 日，8:00 ~ 17:30
　　　　　10 月 21 日~ 4 月 19 日，9:00 ~ 16:00
休館日：12 月 31 日~ 1 月 1 日
門票：免費參觀

知床峠

知床峠

　　從宇登呂市區開車約 25 分的車程，知床峠位在知床往羅臼的知床橫斷公路（334 號國道）最高點，標高 738 公尺，雄偉的羅臼岳就在眼前；羅臼岳頂峰終年積雪，即使夏季前來，也可以看見白雪覆蓋的山頭。知床峠也是北海道的紅葉名所，秋季漫山紅葉，景色令人陶醉。

- 開放時間：4 月下旬~ 11 月上旬
- 停留時間：20 分

屈斜路湖畔有許多天然溫泉，可以邊泡湯、邊欣賞湖景

屈斜路湖

　　屈斜路湖是日本最大的火山口湖，屬於阿寒國定公園的一部分，湖畔有許多天然溫泉，使湖面到了冬季不至於完全冰凍，並吸引許多白鳥（天鵝）飛來此地過冬，形成特殊的景觀。

- 交通方式：從知床出發車程約 1.5 小時

PART
1

PART
2

PART
3

PART
4

PART
5

PART
6

PART
7

砂湯｜和琴半島

　　砂湯是屈斜路湖周邊的主要景點，在這裡徒手將地上的砂挖開就會冒出溫泉水，隨處坐下就可以享受泡足湯的樂趣；地熱吸引大批白鳥來此過冬。和琴半島距離砂湯約 15 分車程，是個突出於屈斜路湖南岸的小島，夏季是熱門的露營場地，也有露天溫泉和自然步道，是悠閒散步湖畔的好地方。

美幌峠

　　位在 243 號國道上的公路休息站，可眺望屈斜路湖全景，開車途經此地不妨短暫停留、稍作休息。從知床開車至屈斜路湖並不會經過此地，距離和琴半島約 20 分車程；距離砂湯約 35 分車程，讀者可自行斟酌是否要特地前往。

1 砂湯　2 在湖畔隨處坐下就能享受泡足湯的樂趣
3 和琴半島　4 和琴半島的露天溫泉　5 美幌峠

198

川湯溫泉

　　川湯溫泉位在屈斜路湖附近，水量豐沛、是道東著名的溫泉區。自駕遊道東要找便利商店並不容易，從這裡到摩周算是行程中比較市區的地方，不妨順道在此補給一下；觀光案內所也是可以尋寶的地方，想要體驗一下川湯溫泉，旁邊有免費的天然足湯可以利用。

• 交通方式：從屈斜路湖砂湯出發約 15 分車程

硫黃山

　　距離川湯溫泉街僅 3 公里、車程約 5 分，是座硫磺含量極高的活火山，當地原住民稱之為「裸山」（アトサヌプリ），到處都有蒸汽不斷從岩縫冒出、彌漫著濃濃的硫磺味，遠看被陣陣白煙所籠罩，和周圍綠意盎然的景色形成強烈對比，呈現一種特殊的氛圍。開車來此記得保留停車費的收據，因為是與摩周湖的停車場共用的停車券，付費當天兩邊都可以使用。

• 開放時間：4 月上旬～ 11 月下旬
• 停留時間：30 分

川湯觀光案內所旁有免費的天然足湯

摩周湖

　　摩周湖被愛努人稱為「神之湖」（カムイトー），周圍群山環繞，一般人無法接近，加上湖面容易起霧，經常無法看見其全貌，更增添摩周湖的神秘色彩。湖中無魚類棲息，也沒有河流匯

硫黃山

入，湖水非常清澈透明，在全世界都稱得上是透明度罕見的湖泊。第一展望臺距離摩周市區較近，停車場較大、也有商店進駐，是遊客主要造訪的區域；再往山上約 3 公里可至第三展望臺，這裡的停車位有限、遊客也較少，但離湖面較近、更接近摩周湖，自行開車前往不妨都去看看。

- 交通方式：從硫黃山出發約 20 分車程
- 停留時間：30 分

摩周湖

阿寒湖

　　阿寒湖四周群山環抱，南面是溫泉街，度假飯店林立，是北海道著名的溫泉區。湖底孕育著珍貴的綠球藻，北海道原住民將其視為神的化身，認為能夠帶來幸福，是當地最著名的紀念品。夏季的湖光山色再加上溫泉，邊泡湯、邊欣賞湖景幾乎是這裡所有度假飯店的賣點；冬季湖面封凍，會舉辦各種冰上活動，是道東三湖最熱鬧的地方。

- 交通方式：從摩周湖出發約 1 小時車程
- 停留時間：1 小時

阿寒湖

阿寒湖

釧路濕原細岡展望臺

　　釧路濕原位於道東最大的城市釧路北邊，是日本最大的濕原，自然生態豐富，同時也是珍貴動、植物的保育區。濕原周邊有許多遊步道及展望臺，除非是對自然生態特別感興趣，不然可能會覺得看起來都很相似；加上濕原的蚊蟲多、也不適合在這裡久待。推薦一個不需要走太遠就能到達的細岡展望臺，自停車場步行 3 ~ 5 分即可抵達，展望臺視野廣闊、景色雄偉壯麗，在此可以見到釧路川蜿蜒穿越濕原，傍晚前來還可以欣賞夕陽。

• 交通方式：摩周湖出發約 1.5 小時車程
• 停留時間：30 分

釧路濕原細岡展望臺

PART 1
PART 2
PART 3
PART 4
PART 5
PART 6
PART 7

 提案 20 寒冬三湖路線

　　規劃冬季（1～3月）造訪道東，推薦景色絕美的道東三湖，白雪覆蓋的夢幻場景，和夏季的感受截然不同。屈斜路湖及摩周湖冬季並未完全封凍，一片銀白的湖光山色讓人留連忘返；阿寒湖冰凍的湖面上則會舉辦冬季慶典，熱鬧非凡。在交通規劃上，冬季道東氣候嚴寒，除了道路會有積雪之外，部分路段甚至會在冬季封閉，對外籍旅客來說，路況不熟、加上天氣狀況難以預料，並不建議冬季在道東自駕旅遊；不妨參加阿寒巴士推出的觀光巴士行程，一天就能從釧路遊遍道東三湖。

Day 1

札幌	**JR 特急** 4.5 小時/9,370 円	→	釧路站	**步行**	→	釧路繁華街

Day 2

釧路站前巴士總站	→	ホワイトピリカ号 8:30 發車（預約制）	**JR 特急** 4 小時/9,370 円	→	札幌

景點	交通方式	停留時間
釧路繁華街	搭乘 JR 至釧路站 ▶ 步行 15～20 分	2 小時
ホワイトピリカ号	從 JR 釧路站前巴士總站出發	9.5 小時
札幌	搭乘 JR 至札幌站，末班車 19:00 發車	
交通費 = JR 北海道鐵路周遊券 11,000 円（16,500 円 ×⅔）+ ホワイトピリカ号 4,600 円 = 15,600 円		

- 建議用餐地點：第一天晚上可在夜生活熱鬧的釧路繁華街用餐；第二天中午隨觀光巴士行程在弟子屈市區用餐，晚上若直接回札幌，可在釧路車站購買火車便當至車上享用。

　　從札幌搭乘 JR 特急列車前往釧路，單程票價就超過 18,000 円，建議使用 JR 北海道鐵路周遊券（3 日券 16,500 円），返回札幌後，第三天可充分利用票券再前往其他城市。釧路當地的交通費只有道東三湖一日遊的觀光巴士費用（4,600 円），在市區步行移動即可，晚上建議入住繁華街周邊的旅店、可就近用餐，如果投宿釧路車站附近的旅店，步行至繁華街約 10～15 分。

想節省旅費及時間，亦可利用夜行巴士往返札幌至釧路間，不過這是相當耗費體力的做法，而且還要帶著行李移動、會有些不便，不建議自助旅行的入門者嘗試，且不推薦往返皆搭乘夜行巴士，太過疲累會影響旅遊品質。不妨去程選擇夜行巴士，在釧路住宿一晚補足活力，然後使用 JR Pass 3 日券回到札幌，剩餘的兩天再接續其他行程。

釧路市區

釧路是道東第一大城市，位在釧路川出海口、臨太平洋，是日本著名的海港城市。除了海鮮物產豐富之外，這裡也可以說是道東的交通樞紐，不論是要前往道東各地或是札幌方向，JR 和巴士的班次都比較多，加上旅店的選擇也多，相當適合作為道東與道央的旅行中繼站。

釧路車站

繁華街

繁華街位在幣舞橋附近，距離 JR 釧路站步行約 15 ~ 20 分，是釧路夜生活的中心；這裡有許多燒烤小店，適合遊客前往體驗日式居酒屋文化，不過這裡同時也是知名的風化區，夜晚盡量避免獨自在外行動。

釧路繁華街

炉ばた

釧路爐端燒的發祥老店，外觀是間不起眼的小屋，低調的招牌不仔細看、根本不會知道這是一間燒烤店。非常日式的居酒屋小店，使用傳統的燒烤方式料理當地新鮮的海鮮食材；一般遊客到日本居酒屋最擔心的是點餐問題，店內提供中文菜單，讓臺灣人也可以輕鬆點餐、自在享受日式居酒屋文化。

店家很貼心的準備了中文菜單

INFO

炉ばた

網址：http://www.robata.cc/robata_chi/
營業時間：17:00 ~ 24:00（冬季至 23:00）
公休日：週日（4 月底 ~ 5 月初、8 月 ~ 10 月中旬無休）

PART
1

PART
2

PART
3

PART
4

PART
5

PART
6

PART
7

1 低調的店面，不注意就會錯過　2 花魚是推薦必點的料理，肉質軟嫩非常好吃
3 充滿日式居酒屋氣氛的傳統老店，店內座位採ㄇ字形圍著烤爐

和商市場

　　位在 JR 釧路站對面，與札幌二条市場及函館朝市並稱為北海道三大海鮮市場，除了販售各式各樣的海產伴手禮，勝手丼是這裡最著名的美食。從米飯到食材都可以自己挑選搭配，就像在臺灣吃刨冰選配料一樣，拼湊成自己喜歡的一碗海鮮丼，價格便宜、食材新鮮豐富，成為釧路最有特色的美食，如欲前往品嚐需留意店家營業時間。

和商市場

• 停留時間：10 ～ 30 分

INFO

和商市場

網址：http://washoichiba.com/
交通方式：從 JR 釧路站步行約 1 分
營業時間：4 ～ 12 月，週一～週六 8:00 ～ 18:00，週日 8:00 ～ 16:00（12 月的週日至 18:00）| 1 ～ 3 月，週一～週六 8:00 ～ 17:00，週日公休

鶴見台

　　鶴見台位在丹頂鶴保育區的釧路濕原內，由於丹頂鶴的數量每年持續減少，為了避免丹頂鶴遷徙至其他地方過冬而遭到捕殺，冬季會定時在此處投撒飼料餵食；丹頂鶴發現這裡冬季也有食物可吃，就不會飛往其他地方過冬了，雖然違反丹頂鶴的天性，但用意在於保護牠們，實在是很難評論對錯。總之，對遊客而言，一年四季在釧路濕原周邊都有機會見到丹頂鶴，而冬季常可見到牠們聚集在鶴見台。

• 停留時間：15 分

鶴見台

PART 1
PART 2
PART 3
PART 4
PART 5
PART 6
PART 7

提案 21　網走破冰路線

觀光破冰船是網走最具代表性的活動，許多遊客選擇冬季造訪北海道就是為了一睹網走的流冰。然而流冰受天候因素影響很大，依照往年經驗，流冰的初日（從網走沿岸即可看到流冰的首日）大約在 1 月底，而終日在 2 月底左右，但是在這期間前往也不代表一定可以見到流冰，只能說若想提高見到流冰的機率，最好是選擇在 2 月中～ 2 月底。

從札幌出發、大老遠跑一趟網走實在也是有點辛苦，行程安排建議搭配同樣具有冬季特色的旭山動物園，規劃兩天一夜的道東網走之旅。往返札幌至網走，如果直接購買 JR 特急列車來回票要價近 20,000 円，建議購買 JR Pass 3 日券 16,500 円，前兩天往返網走，第三天可再接續其他行程；若時間充裕、想多去幾個市區景點，不妨利用網走市區巴士 1 日券（800 円）比較划算。

Day 1

| 札幌 | 搭乘 JR 特急（1 小時 25 分/4,810 円）
轉乘巴士（40 分/440 円） | 旭山動物園 | 搭乘巴士（40 分/440 円）
轉乘 JR 特急（3 小時 55 分/7,970 円） | 網走 |

※ 或留宿旭川，隔天一早出發至網走

Day 2

| 網走車站 | 搭乘巴士
10 分/200 円 | 網走破冰船 | 搭乘巴士
15 分/310 円 | 網走監獄博物館 | 搭乘巴士
7 分/240 円 | JR網走站 | JR 特急
5 小時 25 分/9,910 円 | 札幌 |
| | 搭乘巴士
7 分/240 円 | 網走監獄博物館 | 搭乘巴士
5 分/190 円 | 鄂霍次克流冰館 | 搭乘巴士
15 分/360 円 | | | |

景點	交通方式	停留時間
旭山動物園	搭乘 JR 特急列車至旭川站 ▶ 東口 6 號乘車處轉乘旭川電氣軌道巴士〔41〕、〔42〕、〔47〕旭山動物園線至旭山動物園站	3 小時
網走	從旭山動物園搭乘巴士至 JR 旭川站 ▶ 轉乘 JR 至網走站 ▶ 步行 5～15 分至市區旅店	
網走破冰船	從 JR 網走站搭乘めぐり巴士至道の駅 (流氷砕氷船のりば)	1.5 小時
網走監獄博物館	從 JR 網走站搭乘めぐり巴士至博物館網走監獄	1.5 小時
鄂霍次克流冰館	從博物館網走監獄搭乘めぐり巴士至天都山入口站	1.5 小時
札幌	搭乘めぐり巴士至 JR 網走站 ▶ 轉乘 JR 特急列車至札幌站 ※ 網走至札幌末班車為 17:18 出發；22:40 抵達	

交通費＝ JR 北海道鐵路周遊券 11,000 円 (16,500 円 × ⅔) ＋旭川巴士 880 円＋網走巴士 750 円 | 790 円＝ 12,630 円 | 12,670 円
門票：旭山動物園 820 円 | 觀光破冰船 3,300 円 | 網走監獄博物館 1,080 円 | 鄂霍次克流冰館 540 円

- 建議用餐地點：第一天中午在旭山動物園內用餐，晚上在網走市區用餐；第二天中午在流冰破冰船乘船處旁有土產店及餐廳，網走監獄博物館內也有餐廳，晚餐可購買便當至車上享用。

網走破冰船

　　在道東最寒冷的嚴冬時期（1～3月），位在北方西伯利亞海面上的流冰會漂流至南方的網走，形成難得一見的流冰奇景，期間從 1 月下旬的流冰初日開始，約有 2 個月的流冰觀賞期，在此時可搭乘觀光破冰船，在鄂霍次克海上乘風前進，觀賞流冰、享受破冰的快感之外，運氣好還可以看到流冰上的野生動物如海豹、海鵰（老鷹的一種）等，成為嚴寒的北海道最夯的觀光活動。

　　不過依往年經驗，即使是在流冰最密集的 2 月，也不能保證每天都一定能看到流冰，還是得依當天的狀況而定。破冰船採預約制，雖然若當天確定可以看到流冰可能會加開船班、現場購票也可以，但還是建議事先至網走流冰觀光破冰船官網預約。另外，流冰期網走氣溫在 -10°C 上下，加上乘船海風吹拂，體感溫度會更低，請準備好禦寒衣物。

PART
1

PART
2

PART
3

PART
4

PART
5

PART
6

PART
7

運氣好除了流冰之外還可以看到海豹

INFO

網走流冰觀光破冰船極光號

網址：http://www.ms-aurora.com/abashiri/index.html
交通方式：從 JR 網走站搭乘巴士至おーろら乘船場站，車程約 10 分
營運期間：1 月 20 日～ 4 月 2 日，詳細航班時間請參考官網
票價：乘人 3,300 円 | 孩童 1,650 円
航程：約 1 小時

神威岬

從天都山展望臺遠眺

行程規劃
範例

PART 1
PART 2
PART 3
PART 4
PART 5
PART 6
PART 7

活用路線提案

北海道幅員廣大，在景點間移動所需的時間會比較長，一趟北海道旅行如果安排的天數太少，則能去的地方有限，或僅能在札幌周邊旅遊，不免覺得可惜。一般來說 6 ～ 10 天的行程都蠻合適，7 天是比較常見的安排，只要參考本書的提案，簡單組合幾個路線，即可規劃一趟完整的北海道旅行；或是可以稍加變化，規劃適合自己的旅程。

直接套用成行

以 7 天的行程規畫為例，扣除第一天及最後一天搭乘飛機的時間、行程比較單純之外，實際要規劃的行程天數約為 5 天。

7天5夜	行程規劃參考
Day 1	Part 3 初至北海道
Day 2	Part 4 札幌一日遊
Day 3 ～ 4	Part 5 遊遍北海道（兩日遊）
Day 5	Part 5 遊遍北海道（一日遊）
Day 6	提案 7：小樽一日遊路線
Day 7	最終日的行程規劃（p.84）及新千歲機場（p.70）

結合順路行程

前往北海道旅行，多以札幌為中心，順路的行程可以相結合，不需要回到札幌再出發。

道南往返三日遊

道南三日遊		行程規劃參考
Day 1	札幌	
	登別	提案 13：主題園區路線
Day 2		
	函館	百萬夜景之旅
Day 3		
	札幌	

然別湖＋道東三湖往返四日遊

然別湖＋道東三湖		行程規劃參考
Day 1	札幌	
	然別湖	提案 12：然別湖雪地泡湯路線
Day 2		
	釧路	
Day 3		
	道東三湖	提案 20：寒冬三湖路線 夜宿釧路
Day 4		
	札幌	

美瑛・富良野及道東自駕五日遊

夏季花海自駕五日遊		行程規劃參考
Day 1	札幌	
Day 2	美瑛、富良野	提案 8：自駕兜風路線
Day 3	網走	
Day 4	知床	
Day 5	道東三湖	提案 19：探索自然路線 夜宿釧路或阿寒湖
	札幌	

出入境機場不同

從函館入境

此處以函館入境為例，反之，改為從旭川或札幌入境、函館出境亦可適用。每天的細部行程不須與提案完全相同，可依個人偏好稍作修改。

函館入境、旭川或新千歲機場出境		行程規劃參考
Day 1	函館機場	
Day 2	函館	百萬夜景之旅
Day 3	登別	提案 13：主題園區路線
Day 4	札幌	
Day 5	札幌一日遊	Part 4 札幌一日遊
Day 6	小樽一日遊	提案 7：小樽一日遊路線
Day 7	旭山動物園	提案 17：超人氣動物園路線 夜宿旭川或札幌
	旭川或新千歲機場	

PART
1
PART
2
PART
3
PART
4
PART
5
PART
6
PART
7

善用 JR 北海道鐵路周遊券

依上述規劃行程雖然看起來十分容易，不過並未細部討論交通方式，除了專為自駕設計的行程外，長距離的移動可能包含自駕、搭乘 JR 或搭乘高速巴士三種方式，由於每個人的需求不同，考量到速度、便利性與預算間的衝突，要挑選出最適合自己、又最划算的方案也是需要做點功課。

如果擔心複雜的交通規劃，比較保險又省事的長距離移動方式為搭乘 JR，除了方便、快速又不容易誤點之外，乘車方式容易，購票方式也最簡單，非常適合作為自助旅行的入門選擇；只是票價有點貴，如果單純購票乘車，來來去去實在會讓人吃不消，幸好日本 JR 公司推出了外籍遊客專屬的優惠票券 JR Pass，可於期限內無限次數搭乘 JR 各級列車，對於幅員廣大的北海道來說，若是能夠充分利用 JR Pass，在控制旅行預算上助益非常大。

不想花時間煩惱交通規劃的問題，以及想要省去預約租車或預約巴士的麻煩，直接選擇購買 JR Pass 來安排行程是最省事的方法。北海道的 JR Pass 分為 3 日、5 日、7 日及任選 4 日券（10 天內）等 4 種，天數愈多、換算每日平均價格愈便宜；但也不是購買天數愈多的就愈好，想要發揮 JR Pass 的最大效益，勢必要長距離移動，每天都長距離移動，反而無法兼顧旅遊品質，各景點淪為走馬看花，結果適得其反。因此考慮購買 JR Pass，3 日券是天數比較適中的選擇，以下規劃幾組適合使用 JR Pass 的行程，詳細行程內容可參考前面章節的路線提案。

JR Pass 3 日券

適合以札幌為中心遊玩北海道，並利用 JR 進行一趟中長程的小旅行。

道南三日遊

第一天結合本書的小樽一日遊及登別、洞爺湖主題遊路線，上半天規劃小樽半日遊，下半天為登別或洞爺湖溫泉之旅，時間上較為緊湊，適合時間有限、但想多看一些景點的遊客，不想趕行程的人，第一天上午不去小樽，直接到登別或洞爺湖即可。

道南三日遊		行程規劃參考
Day 1	札幌	
Day 2	小樽半日遊＋ 登別溫泉或洞爺湖溫泉	提案 7：小樽一日遊路線 提案 13：主題園區路線 提案 11：洞爺湖夏日花火路線
Day 3	函館	百萬夜景之旅
	札幌	

函館 2 ＋ 1 日遊

前面章節建議的花海之旅為二日遊，此處略為調整行程，改為美瑛半日遊＋富良野半日遊，安排在函館的萬夜景行程之後即可。美瑛以景觀之路及四季彩之丘為主，富良野以富田農場為主，適合時間有限又想趁夏季玩遍美瑛、富良野的遊客；時間充裕選擇花海二日遊的人，建議購買 JR 富良野・美瑛套票（參見 p.30），價格比 JR Pass 划算許多。

函館 2 ＋ 1 日遊				行程規劃參考
Day 1	札幌			
Day 2	函館			百萬夜景之旅
Day 3	富良野・美瑛一日遊	旭山動物園一日遊	浪漫花海之旅	提案 17：超人氣動物園路線
	札幌			

網走破冰＋登別溫泉一日遊

溫泉一日遊不會在登別留宿，白天的行程可斟酌改為溫泉飯店泡日歸湯（僅泡湯不住宿），然後晚上返回札幌。

網走破冰＋登別溫泉		行程規劃參考
Day 1	札幌	
Day 2	旭山動物園	提案 17：超人氣動物園路線 夜宿網走
Day 3	網走破冰船	提案 21：網走破冰路線 夜宿札幌
	登別地獄谷	提案 13：主題園區路線 夜宿札幌

PART
1

PART
2

PART
3

PART
4

PART
5

PART
6

PART
7

JR Pass 5 日券

適合從新千歲機場以外的機場入出境，並且會持續長距離移動的旅客。從臺灣前往北海道，除了最主要的門戶新千歲機場，也可以選擇直飛函館或旭川機場，由於函館及旭川離主要的觀光地區都有段距離，一趟旅程可能開始及結束都需要長距離移動來往機場，JR Pass 3 日券的期限太短、不好安排，這時若利用 5 日券來規劃行程就非常合適，扣除第一天及最後一天在機場附近投宿，不需要長距離移動，便可順利地安排一趟北海道 7 日遊。另外，如果是由函館、旭川採甲地進、乙地出的方式遊北海道，也很適合利用 JR Pass 5 日券規劃行程。

從函館入出境

從第二天開始使用 JR Pass 5 日券，若是首日天氣不佳，第五天晚上可作為函館山夜景的行程備案。

函館機場進出		行程規劃參考
Day 1	函館機場	
	函館市區	百萬夜景之旅 夜宿函館
Day 2	登別	提案 13：主題園區路線 夜宿札幌
Day 3	小樽 一日遊	提案 7：小樽一日遊路線
Day 4	旭山 動物園	提案 17：超人氣動物園路線 夜宿札幌
Day 5	函館	百萬夜景之旅 夜宿函館
Day 6	函館機場	

從旭川入出境

從第二天開始使用 JR Pass 5 日券，第五天離開函館、搭乘 JR 至札幌站後以逛街行程為主。

旭川機場進出		行程規劃參考
Day 1	旭川機場	
	旭川	夜宿旭川
Day 2	旭山 動物園	提案 17：超人氣動物園路線 札幌住宿
Day 3	小樽 一日遊	提案 7：小樽一日遊路線
Day 4	登別	提案 13：主題園區路線 百萬夜景之旅 夜宿函館
Day 5	札幌車站 周邊	夜宿旭川
Day 6	旭川機場	

函館進旭川出

從第二天開始使用 JR Pass 5 日券，第四天晚上回到札幌主要是安排購物行程，如果不想拉車，也可以改住旭川。反之，改為旭川入境、函館出境亦可。

函館進旭川出		行程規劃參考
Day 1	函館機場	
	函館	百萬夜景之旅 夜宿函館
Day 2	登別	提案 13：主題園區路線 夜宿札幌
Day 3	小樽一日遊	提案 7：小樽一日遊路線
Day 4	旭山動物園	提案 17：超人氣動物園路線 夜宿札幌
Day 5	美瑛、富良野	浪漫花海之旅 夜宿旭川
Day 6	旭川機場	

其他 JR Pass

另外兩種期間的 JR Pass，適合旅行期間較長的遊客，行程規劃的彈性也較高。JR Pass 7 日券適合想在短時間內走遍北海道的遊客，由於天數長、行程規劃的範圍較廣，有興趣的讀者不妨以本書的路線提案為基礎，自行安排一套適合自己的行程。JR Pass 任選 4 日券適合想在某些地區停留幾天、再繼續旅程的遊客，例如前往道東地區、位置偏遠、景點之間又不適合搭乘 JR 移動，就可以視需求指定搭乘 JR 的日期，然後慢慢玩個幾天再利用 JR Pass 返回。

附録

行程規劃流程表

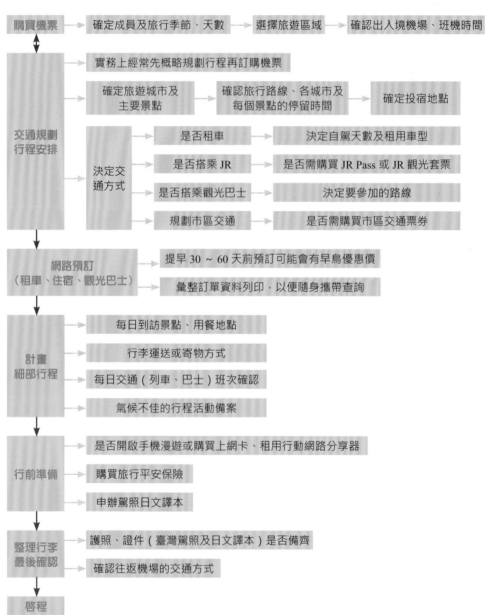

購買機票 → 確定成員及旅行季節、天數 → 選擇旅遊區域 → 確認出入境機場、班機時間

交通規劃
行程安排
→ 實務上經常先概略規劃行程再訂購機票
→ 確定旅遊城市及主要景點 → 確認旅行路線、各城市及每個景點的停留時間 → 確定投宿地點
→ 決定交通方式
　→ 是否租車 → 決定自駕天數及租用車型
　→ 是否搭乘 JR → 是否需購買 JR Pass 或 JR 觀光套票
　→ 是否搭乘觀光巴士 → 決定要參加的路線
　→ 規劃市區交通 → 是否需購買市區交通票券

網路預訂
（租車、住宿、觀光巴士）
→ 提早 30～60 天前預訂可能會有早鳥優惠價
→ 彙整訂單資料列印，以便隨身攜帶查詢

計畫
細部行程
→ 每日到訪景點、用餐地點
→ 行李運送或寄物方式
→ 每日交通（列車、巴士）班次確認
→ 氣候不佳的行程活動備案

行前準備
→ 是否開啟手機漫遊或購買上網卡、租用行動網路分享器
→ 購買旅行平安保險
→ 申辦駕照日文譯本

整理行李
最後確認
→ 護照、證件（臺灣駕照及日文譯本）是否備齊
→ 確認往返機場的交通方式

啟程

旅人祕技

尋寶指南

觀光案內所

通常在觀光景點或前往景點的主要車站旁都會設有觀光案內所，裡面提供了各種當地最新的活動及觀光訊息，除此之外，當地的觀光地圖也是蠻實用的資訊，不妨索取一份免費的地圖放在身邊，會是旅程中的好幫手。另外，有時候還會有意想不到的收穫，例如景點的門票折價券或贈品兌換券，夠幸運的話就能為旅程增添一些小確幸。

札幌車站觀光案內所

割引情報

說到景點的門票折價券，略懂一點日文的朋友出發前不妨瀏覽一下各景點的官網，或許可以找到最新的活動資訊或是網路折價券，即使不懂日文，日本有很多漢字的意思和中文相近，只要掌握幾個關鍵字其實也可以略懂一二，例如「料金」就是費用，「割引」則是折扣，網路的折價優惠一般會寫成「WEB割引」或「インターネット割引」，有興趣的人可以花一點時間看看。

金券店

　　經常到東京、大阪旅遊的朋友就會知道日本有「金券店」這樣的店家，金券店會低價收購即將到期的車票或有價票券，然後賣給需要的人，價格當然會比自行購買便宜一些，在東京、大阪的車站周邊還蠻常見到金券店的，在北海道比較少看到，且位置多半不顯眼、不易發現。介紹一間位在札幌車站附近、比較容易找到的金券店——大黑屋，喜歡尋寶的朋友可以去碰碰運氣，說不定剛好有符合需求的票券。若回程要從札幌出發至新千歲機場搭機，起碼可以買張札幌至新歲機場的單程票，省點小錢不無小補；不過其實價格與實際價格相差不大，所以也不必特地前往，建議若是恰好路過再去逛逛。

INFO

大黒屋ブランド館札幌店

網址：https://www.e-daikoku.com/
地址：札幌市中央区北一条西 3-3
　　　札幌中央大樓 1F・2F

Buy 家攻略

札幌必逛購物商圈

　　在北海道想要逛街購物，商品最豐富、品牌最集中的地點莫過於札幌車站了，加上日本降低外籍旅客購物的免稅門檻後，一般品或消耗品只要金額達 5,000 円就可以申請退稅，對外籍旅客來說是一大福音，購物也成了旅遊日本不可或缺的行程，以下簡單介紹札幌車站的購物商圈。

札幌車站的商圈主要由大丸、STELLAR PLACE、ESTA 等三間百貨公司及 PASEO、APIA 兩個地下商場所構成，各賣場之間皆有連通道可互通，對於時間不多的遊客來說，到這裡逛一趟應該想要的品牌都可以找到。

西側是大丸百貨，主要皆為精品及高單價商品，若是想買 agnès b.、Samantha Thavasa 等品牌可以到這裡看看，而大丸百貨最受遊客喜愛的應該是 B1 的美食區，幾乎可以說是將北海道所有伴手禮名店一網打盡了。

大丸百貨

中間是 STELLAR PLACE，品牌風格以年輕女性為導向，例如 THREE、GAP、JEANASIS、Disney Store、CA4LA 等，在後棟五樓有規模不小的三省堂書局及六樓的無印良品，排隊壽司名店根室花まる則在本棟六樓。

STELLAR PLACE

東側的 ESTA 皆為大型商店，像是 Bic Camera、UNIQLO、LOFT、GU 及拉麵共和國。地下商場 PASEO 及 APIA 是日系年輕少女品牌，PASEO 地下一樓有 RETRO GIRL、aimerfeel、NICE CLAUP、OZOC、OLIVE des OLIVE、JINS 等，APIA 則是有 LOWRYS FARM、earth music，地下一樓也有不少平價連鎖餐廳如なか卯、杵屋、吉野家等。

在這裡認真逛一圈可能要花 2～3 小時，逛一整個下午也不奇怪，如果重點放在逛街，午餐不想花太多時間，建議至地下商場的美食街用餐。逛街的路線可以先從高價位的大丸百貨開始，逛到五樓後走連通道至

ESTA

STELLAR PLACE，沿著五樓逛
Disney Store、CA4LA、三省堂書
店，再走上六樓無印良品經連通
道至 ESTA 逛 UNIQLO、LOFT
等，然後往下逛 Bic Camera，女
性朋友最後還可以逛地下商場
PASEO 及 APIA，有許多大家熟
知的日系服裝品牌。

札幌車站地下商場

日本藥妝哪裡買？

到北海道旅遊，想買藥妝及
零食一定要去札幌市區的狸小路
周邊看看，這附近的藥妝店最集中、商品最齊全，重點是價格也最優惠。逛藥妝店和平
常逛街購物有點不一樣，基本上每間店賣的都是相同的東西，尤其是知名品牌的熱賣商
品，每間店一定都會有，唯一的差別就只是價格而已，每間店的訂價不同、促銷活動也
不一樣，同樣的商品在不同店家購買往往就差了幾百円；想買的東西在每間店都有的前
提之下，比價似乎就成了逛藥妝店唯一的選擇條件。

但是對時間有限的旅客來說，一一比價實在是太花時間，根本不符合經濟效益，而
且要辦理退稅，即使比了價，最後還是在同一間店購買會比較方便。價位較高的商品，
建議事先上網做些比較，價格不至於相差太多就可以下手，或是逛 2 ～ 3 間店簡單比較
一下，然後挑一間購買即可。關於藥妝店購物以下提供幾點建議：

• 狸小路的位置在大通公園及薄野中間，行程上經常跟薄野一起被安排在晚間逛街、用
餐，由於附近的餐廳經常大排長龍，最好避開人潮提早前往用餐，再慢慢逛狸小路及藥
妝店，才不會花太多時間在排隊等待用餐而壓縮了逛街的時間，或是花了太多時間在購
買藥妝，以至於太晚而找不到理想的店家用餐。

• 位於南 2 条西 1 丁目的大国藥妝店（ダイコクドラッグ札幌南 2 条店），是筆者認為各
商品價格普遍都較便宜的店家，而且也有一些零食、日用品，時間不多無法逛完一圈，
最推薦來此購買。

• 位在南 2 条西 3-6 的唐吉訶德（ドン・キホーテ札幌店）店鋪最大、商品最齊全，且為
24 小時營業的店鋪，如果想買的東西很多範圍又廣，或是無法於一般營業時間內抽空
採買，在這裡沒有時間壓力，可以慢慢逛、一次買齊。

- 在狸小路上位置較集中的幾間藥妝店，像是松本清、SUNDRUG、KoKuMiN 等，會不定期推出彩妝品牌 30 ～ 35% OFF 的活動，並在店門口高掛廣告，路過就能比價，且多為平常高價位的商品，對彩妝有興趣的朋友可以留意一下。
- 新千歲機場國際線管制區內的免稅商店也販售部分藥妝，商品種類不多但是直接免稅，對於還沒買齊的東西而言是最後的採購機會，不過必買的購物清單建議還是事先買齊，如果到了這裡才發現沒有想要的商品，就已經沒有機會回頭購買了。

伴手禮哪裡買？

在北海道旅遊不難發現，只要是遊客出沒的景點就會有伴手禮、物產店，而這些店家販賣的商品幾乎包含了北海道各大知名品牌，例如白色戀人、じゃがポックル（薯條三兄弟）、Royce' 巧克力、六花亭等，不但重複性高，而且大部分的伴手禮在各地都買得到。這樣的品牌伴手禮定價都很一致，不會有各店家價格不同的問題；加上現在能夠辦理退稅的店家愈來愈多，門檻也只需 5,000 円，相當容易達到，不擔心之後必須帶著大包、小包移動的話，都可以在行程中的免稅物產店直接購買。關於伴手禮，以下列出幾項建議：

- 大部分伴手禮都能在機場一次買齊，尤其是新千歲機場，只要是知名的伴手禮一定能在這裡找到，但是不見得能享有免稅的優惠。必買的伴手禮建議還是事先買齊，若有遺漏的商品返國前到機場再個別購買，另外，如果是需要冷凍或冷藏的商品，像是蛋糕之類的伴手禮，不妨返國前再至機場購買，店家會提供保冷劑並妥善包裝，維持數小時至半天都沒問題。

- 少數品牌的伴手禮比較不會出現在一般的物產店，例如北菓樓的產品就幾乎只有在專櫃才買得到，不然就是機場的物產店才有販售，需在行程中多留意或至專櫃購買。

- 昆布、味付干貝等海產、乾貨類的伴手禮跟藥妝商品一樣，相同的東西每間店價格可能不一，只能盡量多比價；一般來說在海鮮市場選購會比較便宜，但是在札幌的二条市場或函館朝市這樣的大型海鮮市場不見得會問到最低價，往往在規模較小的市場裡反而可以找到較便宜的商品，有時間不妨多看、多比較，比價時必須連同商品的重量一起考量。另外，也可以留意是否有即期品出清，如果不介意，不失為買到便宜好物的方法。

北海道特色人氣伴手禮

商品	品牌・特色	商品	品牌・特色
 牛奶餅乾	**札幌農学校** 以新鮮牛乳、北海道奶油、北海道小麥製成	 起司蛋糕	**MEL CHEESE** 使用北海道山川牧場產的牛乳製成，甜味與起司的微酸搭配的恰好
 巧克力餅乾	**蔵生** 使用道產小麥粉，有白巧克力及黑巧克力兩種口味，黑巧克力口感微苦	 生巧克力	**Royce'** 使用北海道產的鮮奶油，入口即化的口感，常有季節限定口味可嚐鮮
 起司蛋糕	**SNAFFLE'S** 像半熟歐姆蛋般入口即化的口感，有原味及巧克力口味	 巧克力洋芋片	**Royce'** 綜合洋芋片的鹹味及巧克力的甜味，讓人一口接著一口
 烤玉米脆果	**YOSHIMI** 就像是直接吃烤玉米一般	 葡萄奶油夾心餅乾	**六花亭** 餅乾內夾著白巧克力、葡萄乾及道產的鮮奶油，香氣濃厚
 生牛奶糖	**花畑牧場** 前所未有的口感，柔軟、入口即化	 乾燥草莓巧克力	**六花亭** 酸甜中和的口味非常受到喜愛，有黑巧克力及白巧克力

商品	品牌・特色	商品	品牌・特色
牧家白色布丁	**Bocca** 使用北海道伊達市近郊酪農產的鮮乳製成，像氣球般的造型相當可愛	年輪蛋糕	**白色戀人** 白巧克力口味的年輪蛋糕，外型讓人聯想到白雪覆蓋的北海道
雙層起司蛋糕	**LeTAO** 使用兩種起司搭配大量北海道產的牛乳，一次能吃到兩種濃郁口感	薯條三兄弟	**POTATO FARM** 使用北海道馬鈴薯製成，就像吃新鮮現炸的薯條

行李宅急便

很少看到日本人帶著大件行李搭車旅行，他們的大件行李幾乎都是以宅配的方式運送，在各個機場內都可以找到宅配行李的服務櫃檯，將行李宅配至主要城市或景點的飯店，依距離每件行李約收費 500 ~ 1,000 円左右。另外，JR 北海道於旅遊旺季期間也可能會提供行李運送服務，不妨多留意其官網提供的最新旅遊訊息。

INFO
機場宅急便
網址：http://www.kuronekoyamato.co.jp/tcn/personal/airport/

國家圖書館出版品預行編目資料

北海道玩不膩！行程規劃書 / 阿欽文.攝影. -- 初
版. -- 臺北市：華成圖書，2017.11
　面；　公分. --（自主行系列；B6197）
ISBN 978-986-192-311-6（平裝）

1. 旅遊 2. 日本北海道

731.7909　　　　　　　　　　　　　106016922

自主行系列　B6197

北海道玩不膩！行程規劃書

作　　者／阿欽

出版發行／華杏出版機構
　　　　　華成圖書出版股份有限公司
　　　　　www.far-reaching.com.tw
　　　　　11493台北市內湖區洲子街72號5樓（愛丁堡科技中心）
　　　戶　　名　　華成圖書出版股份有限公司
　　　郵政劃撥　　19590886
　　　e - m a i l　huacheng@email.farseeing.com.tw
　　　電　　話　　02-27975050
　　　傳　　真　　02-87972007
　　　華杏網址　　www.farseeing.com.tw
　　　e - m a i l　adm@email.farseeing.com.tw
　　　華成創辦人　郭麗群
　　　發 行 人　　蕭聿雯
　　　總 經 理　　蕭紹宏

　　　主　　編　　王國華
　　　責任編輯　　蔡明娟
　　　美術設計　　陳秋霞
　　　印務主任　　何麗英
　　　法律顧問　　蕭雄淋・陳淑貞

定　　價／以封底定價為準
出版印刷／2017年12月初版1刷

總 經 銷／知己圖書股份有限公司
　　　　　台中市工業區30路1號　　電話 04-23595819　　傳真 04-23597123

☺ 讀 者 回 函 卡

謝謝您購買此書,為了加強對讀者的服務,請詳細填寫本回函卡,寄回給我們(免貼郵票)或 E-mail至huacheng@email.farseeing.com.tw給予建議,您即可不定期收到本公司的出版訊息!

您所購買的書名/_____ 購買書店名/_____

您的姓名/_____ 聯絡電話/_____

您的性別/□男 □女　　您的生日/西元_____年____月____日

您的通訊地址/□□□□□_____

您的電子郵件信箱/_____

您的職業/□學生 □軍公教 □金融 □服務 □資訊 □製造 □自由 □傳播
　　　　□農漁牧 □家管 □退休 □其他

您的學歷/□國中(含以下) □高中(職) □大學(大專) □研究所(含以上)

您從何處得知本書訊息/(可複選)

□書店 □網路 □報紙 □雜誌 □電視 □廣播 □他人推薦 □其他

您經常的購書習慣/(可複選)

□書店購買 □網路購書 □傳真訂購 □郵政劃撥 □其他_____

您覺得本書價格/□合理 □偏高 □便宜

您對本書的評價(請填代號/ 1.非常滿意 2.滿意 3.尚可 4.不滿意 5.非常不滿意)

封面設計_____ 版面編排_____ 書名_____ 內容_____ 文筆_____

您對於讀完本書後感到/□收穫很大 □有點小收穫 □沒有收穫

您會推薦本書給別人嗎/□會 □不會 □不一定

您希望閱讀到什麼類型的書籍/_____

您對本書及我們的建議/

華杏出版機構

華成圖書出版股份有限公司　收

11493台北市內湖區洲子街72號5樓（愛丁堡科技中心）
TEL/02-27975050

（沿線剪下）

（對折黏貼後，即可直接郵寄）

☺ 本公司為求提升品質特別設計這份「讀者回函卡」，懇請惠予意見，幫助我們更上一層樓。感謝您的支持與愛護！

www.far-reaching.com.tw　　請將　B6197　「讀者回函卡」寄回或傳真 (02) 8797-2007